Jazz Spot Jの物語

バードマン幸田風雲録

「早稲田祭　ダンモの教室」ゲスト：渡辺貞夫（1965年11月）
教室は噂を聞きつけた人で超満員。当時の貞夫さんは、ジャズファンにとってはすでに大スター。
右から 3 人目に幸田、左隣に鈴木良雄、佐々木良廣

長野県富士見高原での早大モダンジャズ研究会「夏合宿」にて（1966年8月）
（後列左から）増尾好秋、幸田稔、城石博通、森田一義、一番右に吉田忠興

夏のビータ（演奏旅行）で愛媛県「宇和島市民会館」でのコンサートに。
その旅の合間、島に渡る船上で（1967年）　左から幸田稔、小西勝、森田一義、横田裕久

モダンジャズ研究会
第9回コンサート
（虎ノ門「久保講堂」）（1966年）

富山県「富山市公会堂」で
早稲田大学ハイソサエティ・
オーケストラをバックに
ソロ演奏を披露する幸田
（1968年3月24日）

TBSラジオ「大学対抗バンド合戦」予選（TBSホール）　出番を待つ控え席で（1967年）
（左から）増尾好秋（g）、高橋直（b）、小西勝（ds）、鈴木良雄（p）、幸田稔（as）、森田一義（司会）

TBSラジオ「大学対抗バンド合戦」決勝（共立講堂）　司会を担当する森田一義（1967年）

TBSラジオ「大学対抗バンド合戦」予選（TBSホール）
ジャズコンボ部門三連覇を達成したメンバーの演奏（1967年）
（左から）鈴木良雄（p）、高橋直（b）、幸田稔（as）、小西勝（ds）、増尾好秋（g）

幸田が高校生時代に渡辺貞夫から
直接購入したマイルス・ディヴィス
『Young man with a horn』
このアルバムを手に入れたことが、
幸田とダンモ研にとって
大きな転換点となった……

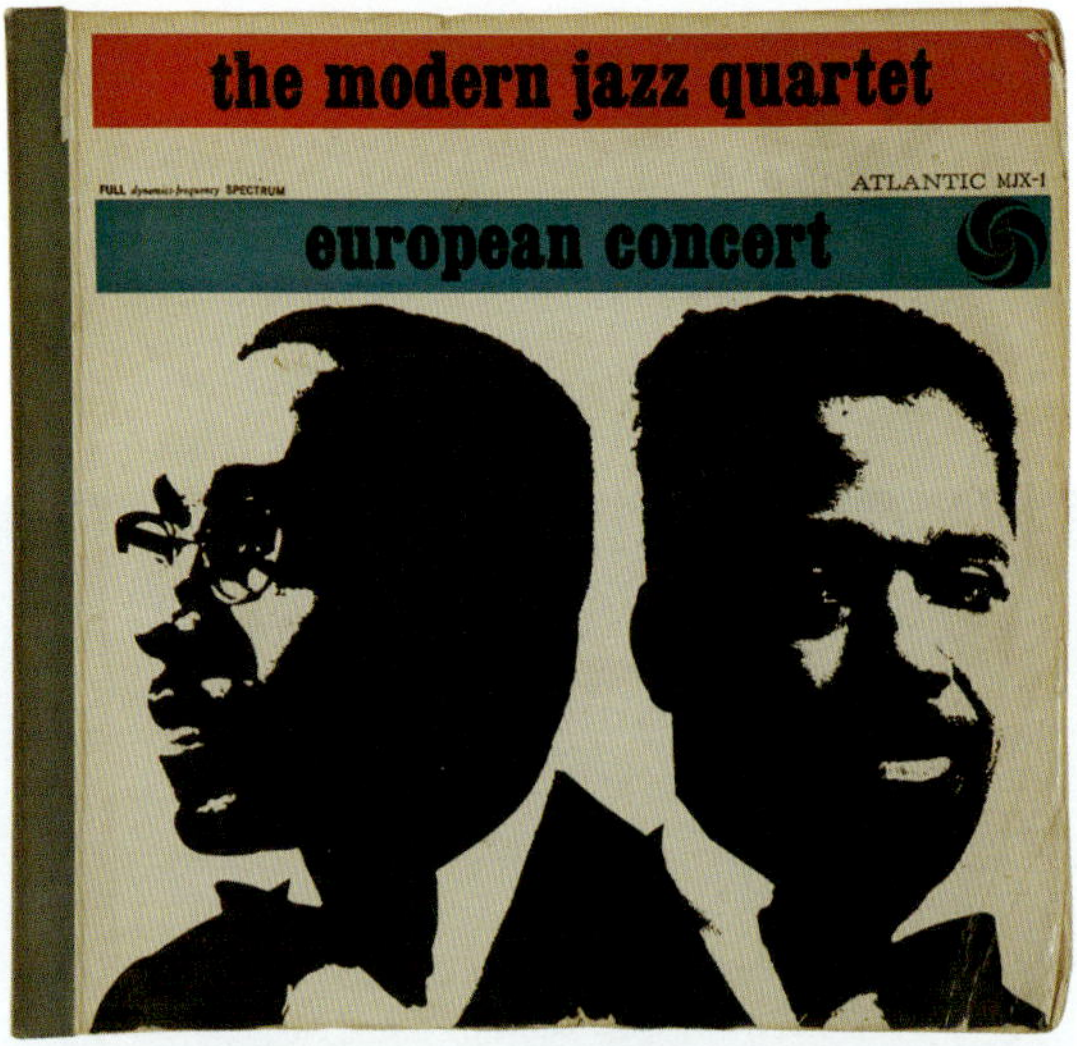

自分のお小遣いで
初めて買ったMJQ
（モダン・ジャズ・カルテット）
『ヨーロピアンコンサート』。
「1962.1.21 有楽町『そごう』
で購入」と書かれた
メモが残っている

若い頃にジャズ喫茶でよく聴いたレイ・ブライアント。
「J」でのソロライヴ以降、家族ぐるみで親しくさせてもらった。
『アローン・アット・モントルー』のジャケットに書いてもらった
サインには“Keep Flying”と、バードマンへの言葉が添えられている

渡辺貞夫（as） Live at「J」（1996年2月28日）
増尾好秋（g, リーダー）、鈴木良雄（b）、スティーヴ・ジャクソン（ds）、横山達治（perc）

「山下洋輔（p）vs タモリ」両雄の激突!!（2009年5月12日）
タモリが渾身のスキャットボーカルを披露

photo by Masami Matsubayashi

『モダンジャズ研究会OB創成期バンド』@J（2004年）
1991年から2016年まで25年間続いた。
幸田（as）、宮前幸弘（p）、関根修一郎（ts）、伊藤陸男（tp）、吉田武弘（ds）、佐々木良廣（b, リーダー）

「J」岩手ジャズ喫茶ツアー＠一関「ベイシー」（1985年8月）
幸田（ss）、佐々木良廣（b）、菅原正二（ds）

自身の「バースデイライヴ」で二本吹き（ss, as）を披露する幸田
（2014年3月28日）

赤塚不二夫さんと幸田（1994年8月）「J」にて

赤塚不二夫さんが最後まで
飲んでいたボトル

赤塚さんのお嬢さん・りえ子さんと
（2018年7月11日） Photo by 石塚康之

幸田所有の赤塚不二夫関連グッズおよび資料の山（幸田自宅１F）

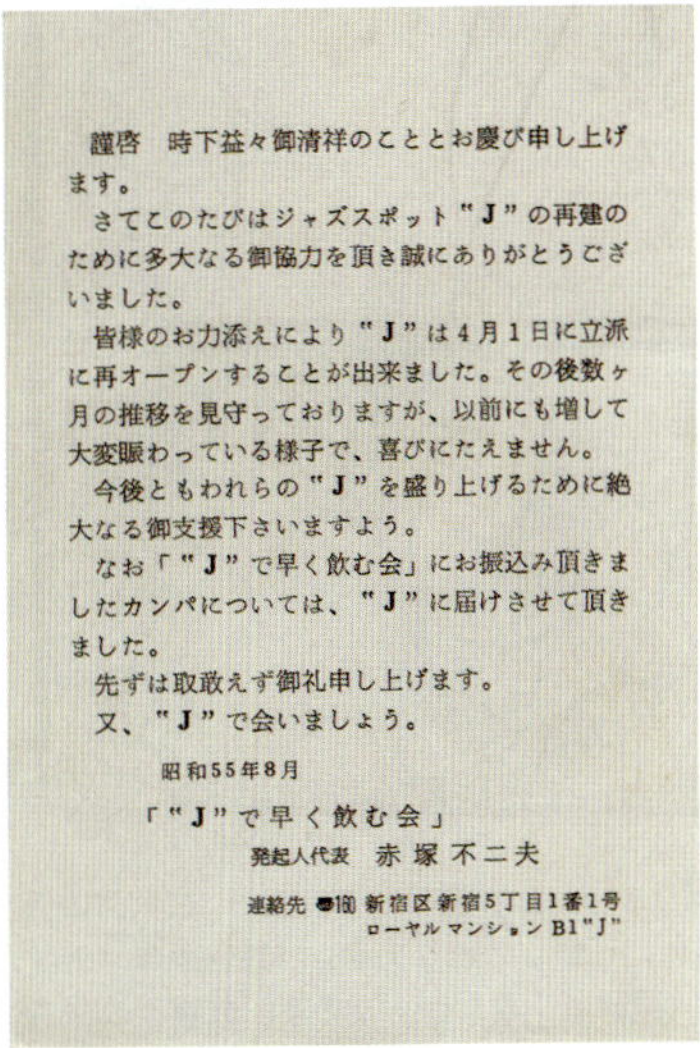

謹啓　時下益々御清祥のこととお慶び申し上げます。

さてこのたびはジャズスポット"J"の再建のために多大なる御協力を頂き誠にありがとうございました。

皆様のお力添えにより"J"は4月1日に立派に再オープンすることが出来ました。その後数ヶ月の推移を見守っておりますが、以前にも増して大変賑わっている様子で、喜びにたえません。

今後ともわれらの"J"を盛り上げるために絶大なる御支援下さいますよう。

なお「"J"で早く飲む会」にお振込み頂きましたカンパについては、"J"に届けさせて頂きました。

先ずは取敢えず御礼申し上げます。

又、"J"で会いましょう。

昭和55年8月

「"J"で早く飲む会」
発起人代表　赤塚不二夫

連絡先 〒160 新宿区新宿5丁目1番1号
ローヤルマンション B1"J"

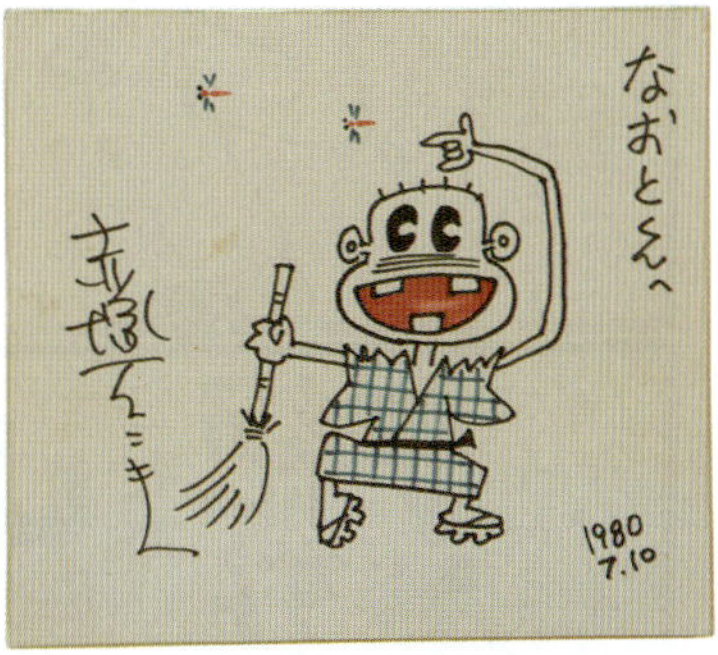

宛名の「なおとくん」は幸田の息子

火事に見舞われた「J」の再建委員長を
買って出た赤塚不二夫さんは、
店舗再開後もなにかと気をかけてくれた。
まさに「J」の命の恩人

河口仁さんは、かつて株式会社フジオ・プロダクションに在籍した漫画家で、三年前に偶然「J」を訪れ、以降常連となりました。代表作に「愛しのボッチャー」(週刊少年マガジン)、「河口仁のワンポイントパフォーマンス」(週刊ゴング) があります。赤塚不二夫さんと縁の深い「J」の40周年記念出版ということで、今回特別に寄稿していただきました。

Jazz Spot J の物語

バードマン幸田風雲録

駒草出版

まえがき

「J」は二〇一八年十月二十日で四十周年を迎えることができました。早稲田大学モダンジャズ研究会（通称ダンモ研）OB有志たちの共同出資で、タモリが創立当初から「取締役宣伝部長」を務めるという、異色のジャズハウスです。

ざっと計算すると、ジャズのライヴを一年間で三百回、四十年間で一万二千回行ってきたことになります。われながらすごい数だと思います。これもみな、渡辺貞夫さん、日野皓正さん、小野リサさん、レイ・ブライアントさんをはじめとする国内外の素晴らしいミュージシャンたちのおかげです。感謝いたします。

お店の壁面を使ったギャラリー〝J〟では、三十年以上、「水森亜土展」「田村セツコ展」「森田一義写真展」をはじめ数多くの作品の展示も行ってきました。アーティストのみなさん、素敵な作品でお店を飾ってくれて本当にありがとうございます。

そして何より、いらっしゃってくださったお客様に感謝です。油井正一さん、野口久光さん、瀬川昌久さん、岩浪洋三さん、寺島靖国さん、藤岡靖洋さん、〝ドクター・ジャズ〟内田修さんをはじめとする著名なジャズ評論家の方たち。直木賞作家（野坂昭如、青島幸男、色川武大、村松友視、影山民夫、大沢在昌）のみなさん、あえてここではお名前を記しませんが、日本を代表する政財界の方たちや、ジャーナリスト、大学教授、弁護士、はては東京オリンピックレスリング金メダリストまで、本当に多士済々の方たちにお越しいただきました。もちろん、今この本を手に取ってくださっている、あなた、にも。

店の営業と平行して、全国のジャズ祭、コンサートの企画や司会も三百回近く行うことができました。スタート当初から関わった東北最大のジャズフェス「南郷サマージャズフェスティバル」の司会は通算十四回、一九八九年にスタートした「昭島公民館」でのコンサートは五十四回、一九九一年からの「調布市グリーンホール」では四十八回と、毎年回を重ねています。

また、ジャズ誌や一般雑誌などにコンサートレポートやエッセイをたくさん書かせていただきましたが、「ジャズ批評」の「要注目のミュージシャン」（二〇〇一年から十七年間、これまでに百人以上を紹介）と「しんぶん赤旗」（日曜版）では「バードマン幸田のNew Disc 3枚」（十八年間で約六百五十枚のジャズアルバムを紹介）の連載が続いています。

私の人生は「J」そして「ジャズ」そのもの、と言ってもいいかもしれません。

ハプニング続出の「J」と、私バードマン幸田の物語、最後までお付き合いいただければ幸いです。

【楽器略号】

as	アルト・サックス
b	ベース
ds	ドラムス
fl	フルート
g	ギター
key	キーボード
p	ピアノ
perc	パーカッション
ss	ソプラノ・サックス
tb	トロンボーン
tp	トランペット
ts	テナー・サックス
vo	ヴォーカル

第1章

幸田稔、ジャズと出会う

雑司が谷での子ども時代

終戦後間もない一九四六（昭和二十一）年三月二十八日。豊島区の雑司が谷、いまの西池袋で私は生まれました。閑静な住宅地で、文化人も多く住んでいたところです。

生年月日は三月二十八日。でも実際に生まれたのは違う日だった（！）らしい。あとから親戚の人が「あんた、本当はこの日じゃないんだよ」。本当の誕生日は四月三日。だから、本来であれば一学年下に入学するはずだったわけです。当時はまだ戦争の傷跡も生々しく、日本中が日々の食べ物にも事欠くような時代。一年でも早く子どもを働き手にしたかったのかもしれませんね。

でもそのために苦労もしました。だって、一学年違えば体格もかなり違う。運動会でかけっこしてもビリだし、クラスで並べばいつも前から二〜三番目。もちろんその頃は「早生まれ」という言葉も知らないので、背が小さいことや、他の子よりも運動ができないことはものすごいコンプレックスで、しかも母親譲りで病弱だったから朝礼ではしょっちゅう倒れてしまう。昔よくいたでしょう、朝礼のときに顔が真っ青になって倒れてしまう子。それが私でした。なので、小学校の思い出というとまず「保健室」。

ただ、いまから思えば、もし一年遅く就学していたら、その後の人との出会いがすべて変わってくるわけですから、人生とは面白いものです、ほんとに。

両親は戦中からずっと雑司が谷に住んでいたのですが、出身地は父が茨城県で、母が新潟県。父は戦中、満州に行って憲兵をやっていたと聞いています。戦中のことは何回か聞いたのですが、自分からはあまり話したがりませんでした。戦後日本に帰ってきてからは近所のお肉屋さんで、そして私が子どもの頃には、日本通運の秋葉原支店で配車係といって、トラックドライバーに行き先を指示する仕事をしていました。高等小学校卒で、学歴もなかったからそれほど出世しなかったようですが、一生懸命働く真面目な人でした。母はずっと病弱だったこともあって、家で内職などをしていて、外で働くということはありませんでした。

私が生まれ育ったところは、なんとかぎりぎりで空襲を逃れた地域でした。家から少し離れたところは空襲にあっていたので、蔵だけ焼け残っている家など、そんな風景を見ながら小学校へ通っていたのです。ただ、遊び場だけはいっぱいあった。

うちはどちらかというと貧乏でしたが、そのためにひもじい思いをした、という記憶はありません。ただ、周りには、目玉焼き一個がご馳走という時代でしたから、日々の食事に困る人がまだまだたくさんいました。

雑司が谷は池袋に近かったので、親に連れられて闇市にも行きました。闇市は、いまの池袋駅西口改札から立教大学に行くちょっと手前あたりにあって、とても不思議な場所でした。私の通っていた小学校は立教大学のすぐ裏手にあったので、小学校に上がってからも、友達と一緒によく行ったものです。「蛇屋」なんかがあって、生蛇や、蛇を乾燥させて粉末にしたものを漢方薬にして売っている。そういうあやしいお店がいろいろあった。

立教大学のキャンパスもよく散歩しました。放課後に大学の相撲部の稽古を見たり。そうそう立教大学といえば、私が小学六年生のときに長嶋茂雄が四年生で、それはそれは大変な人気でした。当時はプロ野球よりも大学野球のほうが人気があった時代で、神宮球場はいつも満杯。運動があまり好きではなかった私も、長嶋にはすごく憧れました。長嶋が巨人に入ると、親にユニフォームを買ってもらって、ソフトボールや野球をやるようになったほどです。長嶋は全国的なスターでしたが、私にとっては地元の英雄。だからすごく身近な存在だった。立教には長嶋と、のちに南海の大エースになるに杉浦忠がいて、かたや甲子園では早実の王貞治が活躍していたわけですから、いまから考えるとすごい時代。

あとはなんといってもプロレス、力道山。近所のお金持ちの家に行ってテレビを観せてもらうんです。中継が始まると、みんな集まってくる。しかし、あの頃の人たちは本当に優しかった。文句一つ言わずに何十人も家に上げて、二時間でも三時間でも観せてくれたわけですから。

音楽よりもソロバン

幼少期から小学生の頃は、ラジオをよく聴いていました。落語に浪曲、戦後ですからもちろん洋楽も流れている。私は特に落語が好きでした。古今亭志ん生や桂文楽の時代。浪曲では広澤虎造の「清水次郎長伝」や初代相模太郎の「灰神楽三太郎」。もちろん自分で好んで聴いていたというよりも、家に一台しかラジオがなかったので、正確には父が聴いていた番組を耳にしていたわけです。

小学校低学年の頃に聴いていた音楽といえば、せいぜい親父が好きだった民謡、あとは当時流行りのポップス。まだ民放がなかった時代だから、当然NHK。洋楽アワーのような番組もあったので、オールディーズポップスみたいなものを聴いていたのかな。そういえば、隣に住んでいたお金持ちの大家さんのお屋敷に行って、SP盤で童謡を聴かせてもらったことがありました。自宅には蓄音機なんてなかったから、それが初めてのちゃんとした音楽体験になるのかも。

いずれにせよ、小学生のときには音楽にはそれほど興味はなかった。せいぜい流行歌を耳にしていたくらい。フランク永井や東海林太郎、若原一郎の「おーい中村くん」、コロムビア・ローズの「東京のバスガール」などです。当時、音楽はラジオから流れてくるもので、蓄音機などの再生装置を持っている家はめずらしかった。ピアノのある家なんてほとんどなかった。

小学生の頃、私は音楽よりもそろばんに夢中でした。家の近くに珠算教室があって、小学校三年生のときから習い始めました。その後、中学生のときに一級を取ったのですが、珠算の全国大会（種目別）で全国で二位になったこともありました。暗算も一時期は七桁くらいまではできた。今でも三〜四桁はいけます。だから「J」のスタッフは、私の暗算が電卓よりも速いのにびっくりしていますよ（笑）。

珠算が得意だったから高校も商業高校に行きました。この珠算は役立った。全然勉強しなくてよかったから（笑）。入ったのは都立第一商業高校。学内で珠算の競技会があって、そこでも一位でした。私の少年時代は、〝そろばんずくし〟でした。

小学校時代のエピソードを

一九八一年、厚生年金会館の小ホールで、アンリ菅野の最初のリサイタルがありました。彼女が小学校の後輩だったことは知っていましたが、所属事務所の社長と名刺交換したら、「どこかでお会いしたような気がします」と、その方に言われたんです。その数日後、「J」に電話がかかってきて、「幸田さん、もしかしたら中学の先輩じゃないですか」と。なんとその社長は赤塚第一中学校の一年後輩だったんです！　私は生徒会長もしていたので、覚えていてくれたんでしょう。その後、程なくして彼が私を尋ねて来ました。彼の名は阿部時雄。NHKで長くヘアーメイクの仕事をしていて、「アートメイク・トキ」という会社を興し、テレビや映画関係のメイク全般に加え美容室（主に芸能人がお客さん）を都内に三軒も持っている実業家。偶然の再会でした。

そういえば小学校では、二つ上に橋幸夫さんがいたんですよ。なぜ覚えていたかというと、昼休みに校庭で遊んでいると、先輩たちが「おい、ハシ！」って呼んでいて、「ハシってなんなんだろ?」って思っていたから。まさか名字とは思わなかった(笑)。「潮来笠」でデビューしたとき、経歴を見たら小学校が一緒だったから、「あの『ハシ』さんだ!」と。

釣りと合唱

私が中学校に入るときに、両親は板橋の徳丸に一戸建てを買いました。借家住まいから念願のマイホームに移ったわけです。今から思えば、親がその土地を残してくれたのはとてもありがたかった。今もそこに住んでいますから。

引っ越した当時は、周りは田んぼだらけ。〝徳丸田んぼ〟(後の高島平団地)と呼ばれていた広大な一帯で、田んぼの向こうを眺めると荒川が見える。溜め池もいっぱいあって、ドジョウは捕れるし、ふなもいれば、蛍もいる。まさに、自然満載。雑司が谷は市街地近くの住宅地でしたから、引っ越したときは「へえー、東京にもこんなところがあるんだ」って驚きました。山あり谷ありで、蛇やいろんな動植物もいて、とてもいいところ。加えて当時、徳丸地域の人たちが「おらがのとおちゃんはよ」とか〝東京の田舎弁〟を話していたのがめずらしかった。彼らと友達になって、一緒に泥だらけになって遊んだり、休みの日には、釣り道具を持って、パンを二つ三つ買って食べながら、毎週のように釣りをしたり……自然の中で夢のような日々を過ごしました。

中学校は赤塚第一中学校でしたが、ここでそろばん以外に夢中になれるものと出会いました。

合唱です。

太田先生という男性の音楽の先生が、毎回授業で一人ずつ歌わせていたのですが、私がけっこう大きい声で歌ったら、「合唱団に来い」となったのです。先生に誘われるくらいだから、たぶん音痴ではなかったのかな。男性二部、女性二部の四部合唱団。部員は全部で二十数名。実はその頃、東京都で一位二位を争う強豪校だったのです。私が三年のときには東京都の大会に出て二位になりました。その大会の審査員には、あの山田耕筰がいたんですよ。

当時歌った曲で覚えているのは「アヴェ・マリア」。「アヴェ・マリア」でもシューベルトやグノーではなく、フランスの作曲家・アルカデルトの曲です。旋律がとてもきれいな曲で、合唱で歌うと本当に美しい。そういう歌を歌いながら、ハーモニーというのは、こういうふうにできるんだと身をもって体験できました。合唱部の経験はその後のジャズ演奏にも役に立ったと思います。合奏は一人だけ目立ってはいけないし、全体の音量のバランスにも気を配らなきゃいけない。そういうことを三年間しっかりやりましたから。先生は生徒の力を引き出すのがうまいので、とても尊敬していました。

余談ですが、先生が、伴奏者としてきれいな女性ピアニストを連れてきたことがありました。その女性がたまに腹式呼吸のチェックのために私たちのお腹を触る。そりゃもう中学生だからドキドキです（笑）。

小学生のとき、コンプレックスのかたまりのような子どもだった私にとって、引っ越して環境がガラッと変わったことはとても大きかった。中学三年生のときには、なぜか生徒会長の選挙に立候補することになって、演説したらこれがバカ受けして、圧倒的な票を獲得して当選してしまったのです。二年生のときには、板橋・豊島・文京の学区域での弁論大会があったのですが、担任の先生に言われて出たら優勝したり（三年生のときは残念ながら二位）。そういえば、やはり二年生のときに、ラジオの素人寄席みたいなものにも出場したことがあります。たしか林家三平のモノマネか何かをやりました。

このように、中学校で人格が変わって、気がついたら、とても積極的な（目立ちたがり屋な）子どもになっていた。よい先生に出会えた、ということも大きかった。ジャズ演奏の場合でも、少しずつうまくなるのではなくて、ある日突然、ぐんとうまくなる。私の場合も、突然覚醒した、という感じでした。

この頃は合唱が楽しかったからか、楽器にはまったく興味はなかった。そもそも学校に楽器がなかった。通っていた学校は火事で全焼したあとに再建したばかりで、私が在学していた頃に、ようやくグランドピアノが一台入ったというような状況。だから器楽部はなかったですし、私自身も楽器に触れる機会がなかった。

ジャズとの出会い

ジャズとの出会いは一九六一年。アート・ブレイキー（ds）が初来日した年。私は中学三年生でした。

当時、私は向かいの家の若いご夫婦に大変かわいがられていて、いろんなところに連れて行ってもらったのですが、あるとき奥さんが「映画でも観に行かない？」と誘ってくれて有楽町の日劇に行くことになったのです。そこで生まれて初めて生のジャズに出会いました。

その頃の日劇は、映画と実演（生演奏）を交互にやっていて、映画上映が終わるとジャズの生演奏が始まり、それが終わるとまた上映、というスタイル。上映されていた映画ははっきりとは覚えていませんが、中学生が観るにはかなりきわどい映画でした。

そのときの出演バンドは、白木秀雄クインテット（！）。松本英彦、世良譲、さらに宮沢昭、渡辺貞夫という今から思えばそうそうたるメンバー。コンサートのタイトルが〝ジャズ・モダン&ファンキー〟。白木秀雄クインテットは当時大人気コンボで、リーダーの白木は渡辺プロ所属の大スターだったのですが、当時中学三年生の私はよく知りませんでした。当然同級生たちも知らない。ジャズなんていう言葉が、日常の会話に出てくることすらなかったわけですから。

演奏が始まると、とにかくびっくり!!　こんな音楽聴いたことがない!!　このとき演奏された曲で今でも覚えているのが「ブルース・マーチ」。ものすごい迫力で、これこそ自分が求めていた音楽だ！と思ったのです。

その頃、アート・ブレイキーの来日に合わせて、ラジオでよく曲がかかっていたのですが、そこで「モーニン」はもちろん「ブルース・マーチ」も流れていました。「あ！　この間聴いたやつだ！」。日劇で一回聴いただけだったのですが、しっかり覚えていたんですね。この一曲でジャズの魅力にすっかりとりつかれてしまった。それまで聞いていた歌謡曲よりも、ずっと強烈でスマートで、アメリカの黒人さんの音楽はこんなにかっこいいのかと。私も一発でやられ、その後アート・ブレイキーにのめりこんでいくことになったのです。

擦り切れるまで聴いた三枚

当時、私はとにかくアート・ブレイキーのレコードが欲しく欲しくてたまりませんでした。そんなとき、ラジオ東京（現・TBS）の深夜の音楽番組で「リクエストをいただいた人の中から抽選で、お好きなレコードをプレゼントします」という企画があったんです。早速ハガキを出したところ、見事当選！『サンジェルマンのジャズ・メッセンジャーズ vol. 1』（RCA）（一九五八年十二月録音のライヴ盤）が送られてきた。定価を見ると千七百円。でもレコードをかける装置が家になかったので、父親に頼み込み、たしか日本コロンビア製のステレオを買ってもらいました。そのステレオで何回このレコードを聴いたことか。

その後、一九六三年の正月にアート・ブレイキーとジャズ・メッセンジャーズが二度目の来日をすることになり、前回はまだ中学生で行けなかった私も、このときは高校二年生になっていたので、思い切って自分でチケットを買って、大手町の「サンケイホール」に聴きに行きました。

メンバーはフレディ・ハバード（tp）、カーティス・フラー（tb）、ウェイン・ショーター（ts）、シダー・ウォルトン（p）、レジー・ワークマン（b）、そしてブレイキー。今回は三管編成になっていました。アルバムでいうと『UGETSU』（Riverside）の頃のメンバー。

とにかくブッ飛んだ!!　とんでもないパワーに圧倒されっぱなし。ブレイキーの強烈なドラムソロに「これはいったい、なんだ！」。こんな音楽（ライヴ）は、それまでの人生で体験したことがなかった。けっして大げさではなく、人生観が変わるほどの凄まじいものでした。

自分のお小遣いで初めて買ったレコードは、ブレイキーではなくＭＪＱ（モダン・ジャズ・カルテット）の『ヨーロピアン・コンサート』（Atlantic）。一九六〇年のストックホルムに於けるコンサートを録音した二枚組です。「1962. 1. 21 有楽町『そごう』で購入」とメモが残っています。なぜこれを購入したのかというと、「スイングジャーナル」で高評価だったから。クラシックの影響も受けている知的なグループなので、ブレイキーなどのファンキーなジャズからは遠い存在だと思っていたら、実際に聴いてみるとライヴ盤ということもあってかなりエキサイティングな演奏。二枚組だから収録曲も多くて、「ジャズにはこういう曲もあるのか」ということを知る勉強にもなりました。解説は野口久光さんでした（ちなみに、ご子息の久和さんは、ピアニストとして毎月「J」に出演しています）。

『サンジェルマンのジャズ・メッセンジャーズ vol. 1』、そして『ヨーロピアン・コンサート』、この二枚に加えて、一九六二年春に買った渡辺貞夫さんの初リーダーアルバム『Sadao Watanabe』（キング）。この三枚をとにかく繰り返し聴きました。それこそアドリブのフレーズを全部覚えてしまうほど、盤が擦り切れるまで……。たぶん当時のジャズファンはみなこうした体験をしていると思います。

高校時代のレコードでの思い出といえば、修学旅行のときに京都駅前にあった丸物デパートで、京都土産を買わずに、トミー・フラナガンの『オーバーシーズ』（Prestige）を買ったこと。変な高校生でしょう？（笑）　緑地にCの文字が並んでいるプレスティッジ盤とは違うジャケットのレコードでした。友達に貸したらそのまま行方不明になってしまいましたけど。

ブラスバンド部でジャズを

高校ではブラスバンド部に入ったのですが、この頃はジャズベースが大好きでした。低音の響きがとても気に入っていたからです。けれど、当時のジャズ雑誌やラジオでは渡辺貞夫さんがとても話題になっていた。まだバークリーに留学される前だったのですが、日本のジャズファンの間ではすでに人気に火がつき始めていたのです。それで貞夫さんのレコードを聴いてみたらものすごくかっこいいので、「やっぱりアルト・サックスをやろう」。いとも簡単に転向（笑）。

入部したらすぐに練習しようと思っていたら、高校にはサックスが一本しかない。仕方なく最初はクラリネットをやることになった。だけど、それはそれでよかった。渡辺貞夫さんだってサックスの前はクラリネットをやっていたんですから。実際、クラリネットをきちっと吹けるようになれば、サックスを吹くにしてもそれほど苦労しないで済むのです。

でもブラスバンド部に入部したときに「ジャズをやりたい」って言ったら、先輩たちにすごく毛嫌いされました。当時はまだそういう〝音楽差別〟があった。ジャズは不良の音楽と言われていましたから。

入部したブラスバンド部は戦前は名門だったようですが、戦後は学校の楽器も少なくなってしまい、せいぜい運動会や文化祭で演奏するくらいでした。ですが、私たちに教えてくれたのは、廣岡九一《きゅういち》というスクールバンドの創始者として大変著名な先生で、かつての栄光を取り戻すべく、厳しく指導してくれました。

そんなわけで、高校時代はずっとクラリネットだったのですが、休みの日に部室に行っては、先輩が使っているサックスをこっそり吹いたりはしていました。やっぱりどうしても吹きたかった。「ワーク・ソング」とか「モーニン」を練習していたんですが、当時はコード進行がわからなかったので、アドリブもでたらめ。譜面もなかったから、とにかく自分の耳で覚えるしかなかった。

いずれにせよ、高校に入ってからは音楽漬けの毎日。上級生になってからはブラバンの司会もやることになり、自分で言うのもなんですが……かなり受けたんですよ。だから、当時は喋って笑わせることはけっこう得意だと思っていました。

ブラスバンド部時代、ある盲学校の生徒たちが立ち上げたジャズバンドが話題になったことがありました。二年生になっていた私は、何度もその学校に行きました。部室のサックスを借りて持って行き、彼らと一緒に演奏するわけです。もちろん自己流のアドリブも混ぜて。そういう付き合いもできたので、彼らを高校の文化祭に呼ぶことになりました。ジャズを毛嫌いしていた先輩たちはすでに卒業しており、他の部員たちも私の熱意に根負けして、ついにジャズ演奏実現、となったのです。盲学校のジャズバンド部はみんな耳がいいのか、私がでたらめなアドリブをしても、しっかりついてくる。今考えればフリージャズみたいな感じ。でも夢中で演奏していると、お互いの心が通っているのがよくわかる。私は「ビューティフル！」って思いながら、サックスを吹いていました。音楽にとって大切なのは、やはり〝心の通い合い〟なんだと思います。

刑務所の中の懐かしき友人

吹奏楽部に入った私は、文化祭で司会をするなどして、学内では少しは目立った存在になっていました。しかし学内にはもっと目立つ女性がいました。彼女の名前は重信房子。文芸部の部長で、いつも笑顔を絶やさない魅力的な人でした。とても行動的で、作家の武者小路実篤の自宅に行って、そのインタビュー記事を文芸部の雑誌に載せたこともあった。その雑誌には私も投稿したことがあります。たしか歌舞伎を初めて観に行ったときのことを書きました。

重信さんとは学校ではあまり喋れなかったのでよく文通をしていました。話題はもっぱら芸術についてです。高校を卒業すると、彼女はキッコーマンに就職し、明治大学の二部に進学しました。

大学一年のとき、私は神宮球場でアイスクリーム売りのアルバイトをしていたのですが、あるナイトゲームのとき、そこで彼女にバッタリ会ったのです。「あれー！　幸田君!!」と言ってアイスクリームを買ってくれた。これが彼女と会った最後です。

その数年後、一九七一年に彼女は「世界同時革命」の国際根拠地を作るために日本を出国。アラブの地、レバノンのベイルートで活動を開始しました。日本に二度と戻ってくることはないと思っていましたが、二〇〇〇年十一月八日、日本（関西方面）潜入中に逮捕されます。一九七四年のオランダのハーグでフランス大使館を占拠した、いわゆる「ハーグ事件」で共謀した罪で起訴され、裁判の結果、懲役二十年の判決が下りました

服役中の彼女に、ある人を介してメッセージを届けてもらったことがあります。そうしたら「幸田くん、覚えているわよ」と言っていたそうです。現在、八王子医療刑務所にて服役中。刑期満了予定が二〇二七年とのことなので、会うことはちょっと難しいかもしれません。でも、もし叶うなら一度会って、学生時代の昔話に花を咲かせてみたいと思っています。

ラジオ番組でジャズヴォーカルデビュー

話を音楽のことに戻します。

高校一年生のときに、ラジオ東京の『青春ジャズ大学』（司会＝コロムビア・トップ・ライト）という番組の公開録音に通っていました。これは申し込みさえすればタダ券をくれたので、土曜日に学校が終わると渋谷から有楽町まで都電に乗って毎週のように観覧しに行きました。

番組には八城一夫カルテットが出ていたのですが、そこに当時渡辺貞夫さんが入っていたのです。会場はそれほど大きなホールではなかったので、貞夫さんが廊下で練習しているのですが、その音の美しいこと！　貞夫さんのサックスの音色はあまりにも素晴らしかった。

番組は、素人がジャズヴォーカルに挑戦して（たまに楽器の人もいた）、一年から四年まで順次グレードを上げていき、最後合格すれば卒業、という趣向。審査委員に笈田敏夫さんやマーサ三宅さんもいらした。日本のジャズヴォーカルの大御所が二人揃って並んでいるわけです。こういう番組があったということは、もうこの時代には素人でもジャズを歌う人がけっこう多かったということでしょう。

あるとき、この番組への出場を決めたのです。黒いズボンと白いワイシャツ姿で歌った曲は「枯葉」と「プリテンド」。どちらもナット・キング・コールのレコードを一生懸命聴いて覚えました。実際歌う段になると、八城さんが「ちょっと歌ってみな」と言って、キーを合わせてくれます。さすがだな、と思いました。それで一年生は合格したのですが、その次はダメでした。覚えているのは、マーサさんの一言。「ジャズはそんなきちっと歌うもんじゃないわよ」。合唱をやっていたせいか、歌い方全然がジャズっぽくなかったのです。

こういう番組に一人で出たわけですから、けっこうな目立ちたがり屋だったんでしょう。

あの渡辺貞夫からレコードを買う

かつて「スイングジャーナル」に、「レコード売ります」とか「楽器買います」という通信欄がありましたが、そこにはけっこう有名なミュージシャンたちも出品していました。当時は個人情報など気にしない時代でしたから、当然住所や連絡先も書いてある。あるとき、その通信欄に、アメリカのバークリー音楽学校に留学することになった渡辺貞夫さんが「渡航資金捻出のため手持ちのオーディオ、レコード売ります」と投稿されているのを見つけたのです。そこで、私は思い切って学校帰りに祐天寺にあったお宅を訪ねました。高校が渋谷だったので近かったということもありますが、今思えばなかなかの怖いもの知らず。

家に近づくとサックスを練習している音が聴こえてきました。本人がいる！

玄関が開くと奥様が出てきて「貞夫ちゃん、お客さんよー！」。そしたら、本物の貞夫さんが出てきて「まあ上がりなさい」。まだ二〜三歳くらいだった娘さんがちょろちょろ歩いている。今から考えると、見ず知らずの若者をよく家に上げてくれたなと思いますが、やはり貞夫さんのお人柄でしょう。

自分が今クラリネットをやっていることを話すと「僕も高校のときはクラリネットをやっていて、ベニー・グッドマンのレコードなどずいぶん聴いたもんだよ」といろいろ話してくれました。もうそれだけで天にも昇るような気持ちです。「レコードを買いたいのですが」と申し出たところ、実はもうほとんど売れてしまって、手元にはどうしても手放したくないＬＰ二枚しか残っていないとのこと。そのうちの一枚は、チャーリー・パーカーの25㎝LP（アルバム名は忘れました）で、擦り切れるまで聴いて練習した思い出の品。盤面を見たら、削れて白くなっている部分もあり、ほんとに擦り切れるくらいまで聴いていたことがわかる。そしてもう一枚は、貞夫さんが初めて自分で買ったマイルス・デイヴィスの『Young man with a horn』で、やはりブルーノートの25㎝LP。二枚とも貞夫さんにとっては大切なもの。仕方ない、あきらめるか。そんなことを思いながら話をしていたら、「せっかく来てくれたのだからマイルスを譲ろう」。それに加えてベニー・グッドマンのSP盤も何枚かプレゼントしてくれました。LPの代金はたしか七百円でした。あのナベサダさんが初めて買ったLPが、なんと私の所有物に！　もちろんこのレコードはその後何度も繰り返し聴いて、今でも家に大切に保管しています。まさにお宝です。

二〇一七年、私が司会をして渡辺貞夫さんが出演した八戸市「南郷サマージャズフェスティバル」がありました。私はそのマイルスのLPを持って貞夫さんに会いに行きました。「そうだ、これ幸田くんが持っているんだよなあ。これをジョジョ（高柳昌行）と一緒にほんとによく聴いたんだよ。買ったときは三千七百円もしたんだよ」と貞夫さん。譲り受けてから五十年以上経ったアルバムにサインをしてもらったのでした（口絵参照）。

渡辺貞夫さんのレコードでいえば、御本人もお持ちでないムード・ミュージックの『カクテル・フォー・トゥ』（東芝）というのも私は持っていました。バークリー留学の直前に吹き込まれたもので、ジャケットに写っている貞夫さんの若いこと！　そして、髪の毛がとても短くカットされている。アメリカは床屋が高いというので、思いっ切り短く切ってもらったと説明が書いてあります。後年、帰国後の貞夫さんのコンサートに行って、楽屋でこのレコードを見せたところ、「プッ！」と吹きだして、「若い頃のこんなジャケット急に見せられたら、調子狂って演奏できないよー！」と真顔で恥ずかしがっておられました。

早大モダンジャズ研究会を知る

そんな出会いもあって、大学に入ったらジャズをやるんだと心に決めました。渡辺貞夫さんみたいになるんだと。そんなときに、たまたまラジオで『大学対抗バンド合戦』という番組を聴いていたら、素晴らしい演奏が耳に飛び込んできた。二管編成で、ホレス・シルヴァーあたりの曲をやっていたのかな。演奏しているのは、早稲田大学モダンジャズ研究会のバンドでした。「よーし。絶対このサークルに入ってジャズをやるぞ！」。あとで知ったのですが、そのときは関根修一郎（ts）さん、小磯進（tp）さん、松村文武（ds）さんなどが演奏されていたようです。

とにかく早大ジャズ研に入りたい一心で猛勉強を開始しました。高校には八クラスあるうち一クラスだけ進学クラスがあって、大学受験対策用の授業をしていました。私は、珠算はできても理数系科目がまったく苦手だったので、文系を受けることにして、早稲田の商学部と政経学部、あと明治の商学部、慶應の法学部を受けました。家が貧乏だったから、落ちたらそのまま就職することになっていたので、まさに背水の陣。結果、早稲田の商学部以外はすべて合格することができました。政経学部の試験では、英語の配点が二〇〇点だったのが大きかった。高校時代、レコードジャケットに書かれている英語のライナーノーツをたくさん読んでいたおかげで、英語が得意だったのです。ジャズが受験を助けてくれた！

早慶明に受かったので、先生たちはびっくりしていました。商業高校から大学に現役で入ることはとても難しかった時代です。

とにかく「早大ジャズ研に入るのだ！」の一念でした。

第２章

ダンモ研での黄金の日々

念願のモダンジャズ研究会に入部

晴れて早稲田大学政経学部政治学科に入学。念願かなって「モダンジャズ研究会」（通称「ダンモ研」）に入りました。最初は先輩が怖くて……ものすごく年齢差を感じました。おじさんと少年くらいの違い。二学年先輩の佐々木良廣さんなどは、顧問の先生かと思いました（笑）。新歓コンパに行くと、先輩の一人が「俺の酒が飲めないのかー」と迫ってくるし……。当然、一年生はみんなダウン。未成年飲酒ですが、今となっては時効ということで。

ダンモ研における私の同期は十人で、結局最後まで残ったのはその半分くらいでした。これは演奏するほうですが、それとは別に鑑賞部という、鑑賞と批評を専門とする人たちもいて、ジャズ評論家の岡崎正通、小西啓一（二人とも同期）や元「スイングジャーナル」編集長の村田文一（二期後輩）が所属していました（残念ながら、鑑賞部は一九七〇年前後に自然消滅してしまいました）。

演奏部と鑑賞部はもちろん交流があり、夏合宿も一緒に行きました。発表会のようなところに鑑賞部がきて、演奏に対する論評を一言二言くれるんです。演奏部と鑑賞部の仲はよかったですね。

さて、入部すると、まず〝オーディション〞があります。これは、新入生が現状でどの程度の能力があるのかを上級生が見極めて、誰と誰を組ませてグループをつくるかを決めるための審査のようなものです。

私はこのオーディションで、テーマだけ吹いてみろと言われたので、キャノンボール・アダレイの「デル・サッサー」を吹きました。大学に入るまでにさんざん聴きこんだ『Sadao Watanabe』にも入っていた曲です。審査員は瀬川洸城、佐々木良廣といった先輩方。「なかなかやるな」と言われたものの、まだジャズのコード進行さえよくわかっていないような状態でした。

私の同期ですごかったのはなんといっても鈴木良雄。現在は押しも押されもせぬベースの大御所ですが、ピアノで入部してきて、いきなりディヴ・ブルーベックの「トルコ風ブルーロンド」と「テイク・ファイヴ」を弾くではありませんか！「トルコ風ブルーロンド」は私もテーマだけ一緒に吹きましたが、あとが続きませんでした。まだブルースのコード進行もよく知らなかったのです。

オーディションを経て、五人編成のグループを組むことに。メンバーはその鈴木良雄（p）に高橋正行（ds）、梅實克彦（b）と星野宏明（tp）、そして私（as）の二管編成のバンド。恒例の「夏合宿」まで、その五人で必死に練習しました。一年生のわりにはまあまあしっかりした演奏をしていたかな。ただ、演奏をすればするほど〝壁〞を感じたのも事実です。この壁を乗り越えるのは相当厳しいなと。

早稲田大学モダンジャズ研究会は体育会系の雰囲気濃厚なサークルでした。特にそれを象徴するのが「夏合宿」で、六時起床でマラソンするなど、なかなか厳しいもの。この合宿には、一年生の新歓合宿の意味合いもあるのですが、やや物騒な〝儀式〟があるのです。それがダンモ研に伝わる「キーム」という儀式。先輩が集まった部屋に新入部員を一人ずつ呼び出す。それで「ジャズとはなんぞや」みたいな説教がある。そうこうしているうちに最終的には全裸にされてしまう。それでなんと、股間にキンカンか何かを塗られるのであります。もちろん男子だけですが、今から考えるとすごい(!?)。まさに体育会系のノリ。そういう儀式のおかげで(?)先輩後輩のつながりが強くなった、という側面もあったとか、なかったとか。そういったバカ騒ぎだけでなく、最終日には各セクション対抗の〝演芸会〟があり、これがメチャ面白かった!

「夏合宿」を乗りきり、秋口くらいから早稲田祭に向けて練習を積んでいく中で、一年生たちは少しずつ〝ジャズの感覚〟のようなものをつかんでいきます。私の場合、同期に鈴木良雄がいたことが大きかった。新しいコードもガンガン弾くし、ジャズに関するいろんな情報をくれたからです。先輩たちからも理論講座というかたちで、黒板を使いながらコード進行や楽曲構成などを教えてもらいました。

ダンモ研恒例の演奏旅行

日頃の練習は、「音楽長屋」でやっていました。「音楽長屋」とは、文学部キャンパスの一番奥のどんづまりにある、木造の掘立小屋みたいなところ。そこに部室があるのですが、一部室につき二団体が使用するため、たとえば月水金と火木土に分けて、交代で使っていました。その「音楽長屋」に、ダンモ研と、ハイソサエティ・オーケストラ、ニューオルリンズジャズクラブ、ナレオハワイアンズ、オルケスタ・デ・タンゴ・ワセダ、早稲田大学交響楽団など……そういう音楽系サークルが集まっている。部屋は順番に割り当てられているので、使えない日は廊下で個人練習をするわけです。

連絡場所で使っていたのは喫茶「エコー」、学生会館ができてからは地下の「稲不二」という喫茶店。店には連絡ノートがあるので、それで互いに連絡を取り合いました。夜な夜な新宿の歌舞伎町に出かけては、「ポニー」や「ビレッジ・ゲイト」というジャズ喫茶でコーヒーを飲みながら、曲をリクエストしたり、「今度はこの曲やろうか」みたいなことを話したり。

早稲田には音楽サークルがたくさんありましたが、当時ジャズを演奏するサークルとしてはハイソサエティ・オーケストラ（通称「ハイソ」）が最も有名でした。一関にあるジャズ喫茶「ベイシー」の菅原正二氏はこのビッグバンドサークルにどうしても入りたくて、三浪して入ってきたという強者です（私と同期ですが、歳は彼が三つ上）。ハイソはとにかくかっこよかった！　学生バンドとして初めてアメリカに演奏旅行するとか、やることとなすこととんでもない。仕事もバンバン受けているし、すごいなぁと思って見ていました。

ダンモ研は、毎年春と夏に演奏旅行（通称「ビータ」）がありました。日本全国北から南までびっしり二十数カ所も回るのですが、この仕事は主にハイソが取ってきてくれるのです。地方にある早大のOB組織「稲門会《とうもんかい》」が「早稲田大学軽音楽の夕べ」などのタイトルで毎年大きな催しを開催していて、どうせならバンドも多いほうがいいということで、われわれも加えてくれたのです。

ところで、一九六六～六七年の活動を記録したノートを見ると、ビータだけでなくダンスパーティーなど、その他にもかなりの数の仕事を受けていて、学生にしてはけっこうなお金を稼いでいたことがわかります。

ビータで一回五万円の演奏会を二十回やれば百万。そのうち半分は部にプールして、残りはメンバーで分けあう。当時は初任給が二万円くらいですから、かなり実入りのいい仕事でした。地方の千人くらい入る大きいホールで、昼と夜の公演が満杯になることもありました。だから、絶対にお客さんを楽しませなければいけないという「プロ意識」のようなものが自然に植えつけられていました。

移動は全部電車（列車）なので、ドラムなどはみんなで手分けして持って行きます。楽器を運ぶのは一年生で、〝イーボ〟（ボーイの逆読み）と呼ばれていました。

大学時代はアルバイトずくめ

一学年下には森田一義がいました。みなさんよくご存じのあのタモリです。タモリは率先してイーボをやっていましたが、私はあまりやりませんでした。というかできなかった。なぜかと言うと、大学に入るときに親から「入学金は出すが、その他の学費などは全部自分でやれ」と言われていたので、一年生のときからアルバイトずくめだったからです。

アルバイトで一番長く続けたのが朝日新聞社の仕事。ここはなんとボーナスもくれたんです。貧乏学生だったので、すごく助かった。さらには厚生年金まで加算されているという厚待遇。仕事は、自転車で霞が関の各省庁の記者クラブを回って原稿を取ってくる、というもの。午後四時半から八時半の四時間の仕事。これを二年半くらいやりました。このアルバイトのおかげで、二年生になってセルマーのサックスを買えたのです。それまで使っていたのはイタリア製のオルシーで、なかなか鳴らない楽器でしたから、セルマーを買ったときは本当に嬉しかった。

他には、雪印のアイスクリーム売り。コマ劇場や神宮球場などいろんなところに派遣されて、客席を回ってアイスを売る仕事です。前述した重信房子さんとの再会はそのアルバイトでのことです。

あとは丸ビルの中のお茶屋さんでも働きました。近隣のオフィスに袋に入れたお茶を届けに行く仕事。お茶箱からお茶を取り出して袋につめて持って行く。そのバイトはけっこう長く続け、私の弟もやりました。

音楽のアルバイトは、当時近所に、法政大のニュー・オレンジ・スイングというビッグバンドに所属していた中学の先輩がいて、トラ（注：エキストラ。代替えメンバー）も含め、キャバレーの仕事などを紹介してくれました。キャバレーではジャズを演奏するのはお客さんがほとんどいない最初の一、二曲だけで、それ以降は演歌歌手の伴奏だったり、マジシャンの人のBGM

だったり……。そういえば、ディック・ミネの伴奏をしたこともありましたね。

バスに乗って厚木の米軍キャンプにも行きました。日本のバンドが米軍キャンプで演奏していた最後の頃でしょうか。野球場は照明がこうこうとしているし、基地全体がとにかく広い。私はここで初めてコーラを飲みました。男性用トイレが高い位置にあるから背伸びして用を足したり……カルチャーショックの連続。やはりアメリカはすごいと思わされました。

そんなわけで、アルバイトばかりやっているし、さらに生来朝起きるのも苦手だったので、授業には遅刻ばかりしていました。

後輩・増尾好秋とタモリ

二年生になると後輩が入ってきました。その中にいたのが、ギタリストの増尾好秋と、タモリ＝森田一義（二年生のときから「タモリ」と呼ばれていました）。

増尾の父親は増尾博という、戦前から活躍していた日本のジャズピアニストの草分け的存在。戦後も、馬渡誠一（as）、小原重徳（b）、ジミー原田（ds）らとオールド・ボーイズというバンドで活動していました。

新入部員の〝オーディション〟で増尾が演奏したのですが、意外にも彼はそれまで他人と演奏したことがなかった。初めて合奏した相手が、このオーディションで一緒に演奏した鈴木良雄でした。今思うと、運命的なものを感じます。彼も〝スズキ・メソード〟で有名な音楽一家の出だから、大変優秀なプレイヤーだったのですが、その鈴木がこのときの増尾の演奏にびっくりした。すごいのが入ってきちゃったと。

一方、タモリはトランペットで入ったのですが、何をオーディションで吹いたのかまったく覚えていません（笑）。うまいという声も聞いたような聞かなかったような……。しかし彼は入部してすぐの夏のビータから、率先してイーボに名乗りを上げて参加していました。「はい！もうなんでもやります！」と、先輩に忠実というか、どこにでもついていって……。三年生から司会をやることになるのですが、それまではトランペットを吹いていました。レギュラーにはなれませんでしたが、とにかく人がやらない不思議なことばかりをやるのです。リサイタルではバルブトロンボーンも吹いていました。

タモリについての有名なエピソードの一つに、鈴木良雄から「マイルスのトランペットは泣いているが、おまえのラッパは笑っている」と言われ、それでダンモ研の司会とマネージャーになった、というものがあります。真相は、彼が二年生のときに小編成のビッグバンドで吹いたとき、演奏の最後に「カカカカカ」と笑っているような音でエンディングを吹いたので、それを指してある先輩が言ったもの。

タモリはバリバリとモダンジャズは吹けなかったのですが、「イパネマの娘」をデタラメ中国語で歌うなど、めちゃくちゃ面白かった。彼は学生時代からすでに自分の芸を確立していた。彼の話にはいつもみな笑い転げてしまう。だから司会をやれと言われたのは、トランペットのうまい下手ということだけではなく、そういう才能あってのことだったわけです。

同期には鈴木良雄、一期後輩には増尾好秋、タモリが存在。ダンモ研に入って、大学にはすごい人たちがいっぱいいるんだと思い知らされた。私も演奏したり、喋ったりして目立つことは好きだったけれど、あまりに周りがすごいから大学時代はおとなしくしていました。

渡辺貞夫を早稲田祭に呼ぶ

私はとにかく渡辺貞夫さんに憧れていました。

チャーリー・パーカーも聴きましたが、とんでもなくすごすぎて、何を吹いているのかさっぱりわからない。キャノンボール・アダレイも聴きましたが、いったいどうやったらこんな細かい音符を正確に吹けるのか、あんな風に楽器を鳴らせるのか……。だから、それほど難しくなく、かつフレーズがかっこいいジャッキー・マクリーンをコピーしていました。

貞夫さんもとてつもない演奏をするのですが、ライヴで直接そのプレイを聴くことができたので、大いに勉強になりました。

その貞夫さんが、バークリーへ留学してから三年経って帰国することになった。すでにゲイリー・マクファーランドやチコ・ハミルトンといった一流ミュージシャンと仕事をしていて、アメリカでかなり忙しかったにもかかわらず、です。

貞夫さんの凱旋ライヴが行われるという情報が入ってきたのが、一九六五年秋のとある日。サークルの溜まり場へ寄ったら「今晩、バークリーから帰って来たばかりの渡辺貞夫が銀座の

『ジャズギャラリー8』に現れるらしい」との報が。早速ダンモ研の仲間と現場へ行きました。その日の出演は佐藤允彦（p）トリオだったと思いますが、そこに貞夫さんが飛び入りし、バークリー帰国後の本邦初演を目の当たりにしたのです。力強いサックスの音、新鮮なフレーズ、その圧倒的な演奏に、観ていたわれわれ、鈴木良雄や増尾好秋も含め、とにかく全員ぶっ飛びました。「これはすごいなんてもんじゃない」。

実はこのとき、早稲田祭が迫っていました。それでふと、ダンモ研に貞夫さんを呼んでみようかとひらめいたのです。ダメ元で声をかけてみようと。奥様のご実家にいるらしいということだったので、早速電話しました。奥様が出られて「今、主人はNHKの『夢で会いましょう』の本番にゲストで行っているので、帰って来たら電話させましょう」と。

そうしたら深夜に本当に電話がかかってきたのです。電話に出ると「渡辺だけど……」と本人の声！　「実は高校生のときにご自宅にうかがいレコードを買ったことがありまして……」「そう。あんまりよく覚えてないんだけど」。私はもう夢中で「なんとか早稲田祭のわれわれジャズ研の教室に来て演奏していただけないでしょうか」とお願いしました。すると貞夫さんは「みんな学生ばかり？　プロのミュージシャンは呼んでないの？」。「予算もないので、学生だけなんですが、そこをなんとか……」と懇願。少し間があって「まあ、しょうがないなー。行ってあげるよ。タクシー代とかもったいないから誰か車を持っている学生がいたら迎えにおいで」。万歳！　交渉成立！　ダンモ研のみんなに言ったら、「ほんとかよー！」。そりゃふつうは信じられない。帰国したばかりで仕事もそれほど詰まっていなかったのかもしれませんが、いずれにせよ、とんでもないことになりました。

そして当日。車の運転は、先輩の佐々木良廣さん。大型車セドリックを初運転。まだ免許とりたてでヒヤヒヤでしたが私も同乗して、待ち合わせ場所の麻布の材木町の交差点へ向かいました。そうしたら、貞夫さんが楽器を持って本当に立っている！　貞夫さんを乗せて、車は一路早稲田へ。「渡辺貞夫さんが来ましたー！」。教室は噂を聞きつけた人で超満員。当時の貞夫さんは、ジャズファンにとってはすでに大スターでした。

リハーサルもないぶっつけ本番の演奏が始まりました。迎え撃つわがダンモ研は、車を運転した佐々木良廣（b四年生）、吉田武弘（ds三年生）、そして鈴木良雄（当時はp二年生）と増尾好秋（g一年生）という布陣。「スクラップル・フロム・ジ・アップル」「モリタート」「ホワッツ・ニュー」「ソー・ホワット」……。とにかく凄まじい迫力。三十二才の貞夫さんに現役学生が必死についていく。結局十曲くらい、一時間半くらいの演奏だったでしょうか、こんなにすごい演奏は今まで聴いたことがない……。ダンモ研の精鋭たちも負けじとついていったのですが、まったく勝負にならない。表現力、テクニック、音量、すべてが圧倒的で、さらにテンポが凄まじく速い曲もある。よくぞ学生相手に演奏してくださった、と思いました。このときの感動はとても文章に表すことはできません。われわれダンモ研の面々にとっては本当に衝撃的な出来事でした。

中学、高校、大学、そして社会人になってからも、自分にとって、渡辺貞夫さんという人は本当に大きな存在です。なんとかこの人に近づけないかと、そんなことばかり考えていましたから。

結果的にこのときに共演した鈴木良雄と増尾好秋は、のちに渡辺貞夫さんのグループに入りました。そういえば、私が三年生のときのダンモ研のリサイタル（虎ノ門「久保講堂」）でも、渡辺貞夫カルテットがゲストで来てくれました。本当に素晴らしい体験をさせてもらいました。

多くの若手を育てた貞夫さん

増尾好秋は早稲田祭での共演後すぐに貞夫さんから声をかけられ、学生ながら渡辺貞夫カルテットのメンバーになります。

増尾が初めてカルテットに参加するという日は、私も観に行きました。貞夫さんはどんどん自分で曲を始めちゃう。もちろん譜面はあるのですが、あの増尾がなかなかついていけない。曲によってはギターソロができないから、すぐベースソロ（原田政長）に移ってしまう。それは観ている観客にもはっきりとわかる。増尾は悔しそうな顔をしている。でも貞夫さんはそういうことを一切気にせず最後まで演奏を続けました。そんな状態だったにもかかわらず、増尾というミュージシャンに何か感じるものがあったのでしょう。貞夫さんはその後も彼をレギュラーとして使い続けたのです。渡辺貞夫グループのメンバーになっている人たちは、ミュージシャンとして高い能力があるのは当然ですが、貞夫さんと音楽的波長、人間的波長が合うかどうかも大きかったのではないかと思います。

鈴木良雄は、卒業後ピアニストとしてプロ入りして、しばらくはキャバレーなどで弾いていたのですが、貞夫さんの勧めでベーシストに転向（！）。増尾と同じく貞夫さんのグループに入りました。鈴木良雄はピアニストとしても大変優秀で、学生時代はマッコイ・タイナーばりにガンガン弾いていました。当時国立音大にいたあの本田竹広と二人で競い合っていたほどの腕前。そんな一流のピアニストがベースに転向したわけです。彼はもともと高校のときにギターを弾いていたようですし、実家は鈴木バイオリンだからバイオリンも弾けた。ダンモ研では佐々木良廣さんにベースの基礎を教わっていましたが、勘がいいからどんどん上達していきました。

さて、渡辺貞夫さんのあまりにも凄まじい演奏に圧倒されたわれわれは、みんなで追っかけを開始します。遠慮もなく貞夫さんのお宅に押しかけては、アメリカでの生活や有名ミュージシャンとの交流など、興味深い話をたくさんしていただいたのです。中でも特に印象に残っているのは「ボサノヴァのいいレコードがあるよ」と、当時まだまったく知られてなかったセルジオ・メンデスの『Brasil '64』を聴かせてもらったことです。ピュアで洗練された、心に沁み入る美しいボサノヴァ演奏にとても感動しました。

それからしばらくして、貞夫さんはアメリカで学んだことをできるだけ多くの人に伝えるために教室を始めました。黒板に書きながらバークリーメソッドの講義をしたのです。それには瓜坂正臣や鈴木良雄が通っていましたが、私たちは彼らからそれを教えてもらいました。第一線で活躍しているミュージシャンまでもが目を輝かせながら受講するほど、刺激的な講義だったのです。

貞夫さんが日本のジャズ界に与えた影響は本当に計り知れないですね。我がダンモ研の鈴木や増尾もそうですが、貞夫さんはこの頃からすでに、若手ミュージシャンたちのレベルを引き上げようと考えていたのでしょう。貞夫さんが帰国して以後の日本のモダンジャズは、貞夫さんの家で学んだ人たちが作り上げていった、と言ってもいいと思います。

それにしても、いろんな人が家に押しかけるのを、奥さんは嫌な顔一つせず受け入れ、食事までご馳走してくれることもありました。感謝してもしきれません。

『大学対抗バンド合戦』

貞夫さんの薫陶を受けたダンモ研の面々は、来るTBSの『大学対抗バンド合戦』に向け、練習に打ち込みました。この番組は学生バンドがその腕前を競うもので、まさに学生バンドの甲子園！　私たちが出場していた頃は、毎週火木土の三日、夜九時から放送されていました。そこではジャズだけではなく、ブルーグラスやハワイアンも演奏されていました。

一九六五年、早稲田モダンジャズ研究会はこのバンド合戦のジャズコンボ部門（小編成グループ）で見事初優勝を飾りました。そしてなんと翌年、翌々年と三連覇を成し遂げ、学生バンド界で一躍有名になったのです。

三回目の優勝時のメンバーは鈴木良雄（当時はまだピアノ）がリーダーで、すでに渡辺貞夫バンドの一員だった増尾好秋がギター、ベースが高橋直、ドラムが小西勝、それに私のアルト・サックスが入った1ホーングループで、さらに司会がなんとタモリという強力メンバー。記録によれば、二年目の予選では「シナントロプス・ペキネンシス」と「タニヤ」を演奏したとある。「タニヤ」はドナルド・バードの作曲で、デクスター・ゴードンのブルーノートでのアルバム『ワン・フライト・アップ』に収められている曲。ゴードンとバードによる二管編成で、アフリカっぽい雰囲気を漂わせた曲です。「シナントロプス・ペキネンシス」は鈴木良雄のオリジナル曲で、タイトルはチャールズ・ミンガスの「直立猿人」（ピテカントロプス・エレクトゥス）をもじったもの。その当時、ほとんどの学生バンドはオリジナル曲をやっていませんでしたが、早稲田は最初に優勝した六五年の『大学対抗バンド合戦』で、すでに佐々木良廣さんが作曲した「木曽」というオリジナル曲を演奏していました。増尾のオリジナルで「G.H.ブルース」という曲もありました。その曲をタモリが、「『ゲー・ハー・ブルース』、ちょっと後頭部にゲーハー（ハゲ）がありまして……」とか紹介するわけです（笑）。

この番組の司会は大橋巨泉さん。審査員は小島正雄さん、八城一夫さん（p）、宮沢昭さん（ts）といった大御所。いつもは辛口の八城さんが「学生バンドにこんな演奏されたら困るよ、特にピアノの人はプロにならないでね。われわれの職業が脅かされるから」。宮沢さんも「もう何も言うことはありませんね」と大絶賛。巨泉さんはタモリの司会に「面白い奴がいるなー！」と感心することしきり。

学生バンドのナンバーワンとなった早大ダンモ研には、春休み、夏休み、それぞれ一カ月の全国演奏旅行をはじめ、たくさんの仕事が来るようになりました。ロックが流行る前だったこともあり、われわれ学生バンドはモテモテの時代でした。全国各地の市民会館や公会堂で昼夜二回公演は当たり前。どこも大入り満員で、女子学生から花束が届くなど、学生の身分にもかかわらずいい思いをたくさんさせてもらいました。なんと充実した日々だったことでしょうか……。

『大学対抗バンド合戦』で優勝すると、最後に全国決勝といって、ジャズコンボだけでなく、あらゆるジャンルのトップバンドが出場するコンテストに出ました。そのときは、早稲田のハイソサエティ・オーケストラがダントツで第一位。ハイソは招聘されてアメリカにツアーにも行きました。ただ、メンバーたちの旅費の負担はけっこう大きかったようで、アメリカに旅立つ前に、演奏の仕事でしっかり稼いでから旅立ったようです。

全国決勝では他に、桃山学院大学ブルーグラス・ランブラーズも出ていました。当時はブルーグラスもとてもメジャーな音楽でした。

『バンド合戦』で他に強かったのは、東大のイーストハード。東大は現在でも優秀なバンドマンを輩出しています。当時、慶應のライトミュージックソサエティには、のちのアルファ・レコード創立者で大プロデューサー・作曲家になる村井邦彦がいましたが、コンテストには出ていなかったようです。慶應出身者には、われわれよりも上の世代になりますが、鈴木宏昌、佐藤允彦、大野雄二といった素晴らしいピアニストが多数います。

他大学との交流は『バンド合戦』以外にも、明治学院大学主催の、早稲田、慶應との三大学合同コンサートというのもありました。ある方が当時のパンフレットを見せてくれたのですが、その中に二〇一七年に亡くなった金丸俊史さん（「ウイングス」社長）のお名前を見つけてびっくり。明治学院大学時代からプロミュージシャンとして活躍されていた方で、卒業後はビクターに入社。阿川泰子を発掘した人です。

『バンド合戦』で優勝を果たしたわれわれは、他にもいろいろなコンサートに出演しています。あるコンサートに出演したら、森山良子が出演。実はそれが彼女にとって初めての大ステージだった、ということもありました。お父さんは森山久というジャズトランペッターで、お母さんもジャズシンガーでしたが、彼女はその頃フォークソングを歌っていました。

そういえば、『おはよう！　こどもショー』（NTV）にも出たことがありました。一九六七年十二月のことです。前記の優勝時のメンバーで、ピアノが鈴木良雄ではなくて横田裕久というグループでしたが、ブルーコメッツの「ブルー・シャトウ」などを演奏して、それを子どもたちが聴く、というもの。演奏中、横に「ロバくん」がいたのですが、その着ぐるみのキャラクターの中には、後年有名になる愛川欽也が入っていたんですよ。

石田先生の恩

私の学生生活はアルバイトとジャズ研の部室（練習場）へ通うことが中心の日々でした。だから授業の出席数はギリギリ。朝が超苦手だったのも響いて、四年生のときにやむなく取った一時限目の「外交史」の授業日数が足らなくなってしまい、単位を落としてしまったのです。それでもなんとか再試験を受けさせてくれたのですが、これもまったく答案が書けないという、惨憺たるありさま。

再試験のあとすぐに、ダンモ研の春の演奏旅行（私にとっては学生時代最後のもの）が決まっていたので、試験結果が出る前に出発することになりました。いろいろ考え抜いた末、私は先生（石田榮雄教授）に往復ハガキを書くことにしたのです。

「私は就職が決まっていて（これは事実）、今から会社の入社前研修で合宿に行ってしまいます。先生の一科目だけ単位を取れず、もし再試験の結果も悪ければ、就職をあきらめて合宿から帰らなければならないので、試験の結果を書いて家族に送ってくださいますでしょうか」

本当は楽しい「演奏旅行」に行っているのに会社の「入社前研修」とウソを書いたのです……。旅先から家へ電話して、先生から返信のハガキが到着していないかどうかを家人に確認する毎日。四〜五日経って、家に電話を入れたところ、先生から返事が届いていました。「再試験の点数も合格点に程遠く、出席日数の不足も併せると、本来なら不合格。しかしすでに就職も決まっている君の将来のことを考え、単位を与える」というものでした。やったー！　これで無事卒業、就職できる。先生ありがとうー！

それからかなり経って、新聞で石田先生の訃報を見つけました。結局、先生に直接会って御礼を言えなかった。ゴメンナサイ先生。落第（留年）していたら今の私は存在しません。石田先生には感謝してもしきれません……。

さて、私にとってダンモ研最後のビータは、一九六八年三月から四月上旬まで、四国〜山陽〜九州へと続く日程でした。

私は四月一日の入社式に間に合うよう、三月末の山口県「徳山市民会館」の演奏会を最後にみんなと別れ、夜行列車で東京へ戻ることに。司会とマネージャーをしていたタモリをはじめ、仲間たちが徳山駅へ見送りに来てくれました。これでメチャクチャ楽しかった学生生活ともお別れ……。

徳山での学生時代最後の演奏は今でもよく覚えています。ソロで「レフトアローン」を吹きました。途中で涙がボロボロこぼれてきました。

ダンモ研は人と人とがつながる磁場

鈴木良雄は、増尾好秋が初めて他人と演奏した相手。私は、貞夫さんとダンモ研をつないだ縁結び役。鑑賞部にいた岡崎正通は、のちにニッポン放送のディレクターとなって『オールナイトニッポン』にタモリを起用した人物。同じく鑑賞部だった小西啓一もラジオたんぱでタモリを起用したり、『テイスト・オブ・ジャズ』という長寿番組を担当するなど、いろんな縁が結びついて、みなそれぞれの場所で活躍をしています。

タモリのその後の活躍は、みなさんご存じのとおり。

そういえば、私が二十五才で結婚したとき、タモリは九州のボーリング場で働いていて、たまたま研修で東京に来ていたので、結婚式に出席してくれ、披露宴の後半の司会をしてくれました。

そして一九七五年、タモリはついに東京に出てくることになります。

遡ること数年前、九州で山下洋輔、中村誠一たちとの運命的な出会いを果たし、「九州に森田という面白い男がいる」と新宿ゴールデン街のバー「ジャックの豆の木」の常連たちの間で、タモリはすでに話題の人となっていました。そして彼らが「伝説の九州の男・森田を呼ぶ会」を結成したのがこの年の春。タモリが東京に呼ばれて新宿のこの店で芸を披露。タモリの芸にぶっ飛んだ赤塚不二夫らの強力なサポートを得て、芸能界で活躍することになったのです。

七六年と七八年の千代田公会堂でのダンモ研の現役学生によるコンサートでは、その頃徐々にその存在が知られるようになったタモリが司会をしています。岡崎正通がラジオでタレントとして起用し始めたのは七五年。一部でカルト的な人気はあったものの、まだ全国的な知名度はなかった。大きくブレイクをするのは、七六年十月に『オールナイトニッポン』のレギュラーになって以降のことです。

七八年に私が「J」を引き継ぐ際、当時勤めていた会社のデスクから、電話でいろんな先輩や後輩、同期に店を始めるための相談をしていたのですが、そのときタモリにも電話しました。デスクの向かいにいた女性に「今タモリが出てるけど、ちょっと代わってあげようか」って言ったら、「ほんと！」ってすごく喜ばれたことがありました。その頃はもうすでにタモリもスッカリ有名人になっていましたから。

そのタモリをラジオの世界に引っ張り出した岡崎正通は、『ナベサダとジャズ』（その後FM東京系の『渡辺貞夫 マイ・ディア・ライフ』へとつながる）という番組を立ち上げています。この番組でジャズの洗礼を受けた青年は多いことでしょう。

ただ、その番組で演奏していた増尾好秋は大変だったようです。毎回お客さんの前で収録する上、どんどん新しい譜面を渡されるから必死だったと。ただ、それが本当にいい勉強になったとも言っていました。

資生堂のCMで渡辺貞夫さんのサックスが流れたのが七〇年代後半。七八年に発売されたアルバム『カリフォルニア・シャワー』（ビクター）が大ヒットして、貞夫さんは一躍全国に名前が知れ渡りました。大磯の海水浴場などでは、一日中「カリフォルニア・シャワー」が流れていたものです。この七八年に私は「J」を始めることになるのですが、大学を卒業した六八年からの十年間何をしていたかというと、一般企業でサラリーマンをしていたのでした。

第3章

順風満帆なサラリーマン時代、でも……

なんとか就職

大学時代はジャズに明け暮れる毎日でしたが、専攻が「政治経済」だったので、就職はマスコミ志望でした。それでNHKや民放、新聞社などかたっぱしから受けたけれども、全然ひっかからない。成績に優が少ないので推薦はしてもらえないし、試験を受けても、やはり厳しい。そんなときに受けたのが、富岡製糸場を持っていた片倉工業という老舗の繊維会社でした。

しかし、その就職の面接で大失敗をやらかしています。

志望動機を聞かれた際、私は「銀行みたいに、人の金を回して金もうけをするのではなく、ちゃんと物を作る会社がよいと思ったからです」と答えました。われながら骨のあること言ったと思ったのですが、目の前にいた社長は実は富士銀行から来た人だったのです。面接した重役にあとで聞いた話だと、「あいつは、俺のことを知ってか知らずか、あんなこと言いやがって……。でも面白いやつだ」と採用になったとのこと。いやいや冷や汗ものです。

そんなこんなで「J」を始めるまでの十年間、この繊維会社に勤めることになりました。

田んぼだらけの藤枝時代

会社に入って最初の一年半あまり、静岡県藤枝市の工場に赴任していました。まずは現場研修をしなさいということです。このとき初めて実家を離れて、会社の寮に入りました。

工場は大井川のほとりにありました。工場の周りはすべて田んぼで、最寄りの駅まで歩くと五十分はかかる。バスはほとんど通勤時間帯だけの運行で、夜の七〜八時くらいに終わってしまうから、最後のバスが行ってしまえば陸の孤島。仕事が終わったあとは、工場近くの駄菓子屋みたいなところで、静岡おでんをつまみながらちょっと酒を飲むくらいが関の山。夏には一日中、蛙がケロケロ鳴いているし、春には田んぼ一面にレンゲソウが咲いていて、ひばりは降りてくるし……。田んぼの向こう側では新幹線がすごい速さで走っているのに、まるで文明から取り残されてしまったような、そんな場所でした。

この頃はダンモ研の友人たちとは手紙などで連絡を取り合っていました。岡崎正通は「寂しいだろうから」とカセットテープをいっぱい送ってくれました。周りに何もないので休みの日には静岡市内に行きました。市内には「パークサイド」などのジャズ喫茶があったからです。あるとき、増尾好秋がレコードショップの「すみや」のインストアライブに来るというので、楽器を借りて飛び入りで吹いたのですが、全然吹けなくて、すっかり落ち込んで寮に帰ったのを覚えています。あと、駿府会館という大きなホールに渡辺貞夫グループが来たのを観に行ったこともあります。ステージには当然、増尾もいました。

当時の私の仕事は人事、労務です。静岡じゅうの中学校を回って採用の仕事もしていました。その時代は中卒の学生を〝金の卵〟と言いましたが、先生方に「生徒さんをぜひうちの会社にお願いします」と挨拶に回るわけです。赴任した最初の頃は、工場で機械の管理体験もしました。合成繊維の糸をものすごいスピードで作るわけですが、三交代制で機械を管理していました。夜勤ともなると、ずっと立ちっぱなしですから、辛く大変な仕事でした。

楽器への秘めた思い

私が赴任したのは、正確には片倉工業の子会社で日本ビニロンという会社の工場だったのですが、ここではシルクライクな糸や「水溶性ビニロン」という水に溶ける繊維などを作っていて、世界的に展開していました。花嫁衣装で使うケミカルレースの基布や手術用縫合糸のようなメディカルの分野をはじめ幅広い用途があったからです。

静岡の工場に赴任してしばらくすると、工場の従業員のうち三分の一が整理されました。アメリカのニクソン政権が日本に繊維製品輸出の自主規制を要請してきた、いわゆる日米繊維交渉の時代で、それまで順風満帆だった繊維業界が揺らぎ始めていた時期でした。

業界に不穏な空気が漂い始めていた時代に静岡の片田舎に赴任していたわけですが、そんなときでも私は工場でジャズバンドを結成して演奏活動をしていました（ピアノ担当でしたが）。

実は、就職してからしばらくの間、私は楽器から離れていました。就職したらもう演奏することもないと思っていたので、入社が決まったときに自分の楽器を後輩に譲ったのです。サラリーマンというのは会社に拘束されて、とても趣味なんぞにうつつを抜かすことなどできない灰色の生活を送るもの……というのが、当時私が持っていた企業戦士のイメージだったからです（実際はそれほどでもなかった）。

工場内のジャズ好きで結成したバンドでは、ヤマハ主催のコンテスト（島田市の公会堂や藤枝市民会館）で演奏もしました。このときはピアニストがいなかったので、私がコードだけでピアノを弾きました。その後、東京本社勤務になってからヤマハの楽器を購入。再びサックスの演奏活動を開始しました。仕事中心の生活の中でも「楽器を演奏する喜びは持ち続けたい」と思ったからです。

海での大事件

工場勤務を始めて翌年の夏、二十三才のときです。大事件がありました。

三重県志摩市に「合歓《ねむ》の郷《さと》」という広大なヤマハの施設（現在は「NEMU HOTEL & RESORT」と改称）がありますが、夏にコンサートがあるということで、工場の仲間数人と車で出かけることになったのです。伊東ゆかりや日野皓正などが出演する、夕暮どきの素晴らしい催し物でした。その夜、たまたま来ていたヤマハに就職したばかりの後輩の紹介で近所の民宿に泊まり、美味しい魚介類とお酒でハッピーな一晩を過ごしたのです。

翌日、民宿のオーナーに教えてもらった近くの海岸へ出かけ、いざ海水浴！　私たちは知らなかったのですが、実はそのとき台風が近づいていたのです。

磯遊びをしているうちに一発大きい波が来た……と思ったら一気に波にさらわれ、海中へグーっと引き込まれてしまいました。

あれよあれよという間に浜辺から離されていき、とうとう浜辺にいる友人たちが豆粒くらいにしか見えないほど、遠くに流されてしまったのです……。これはイカン……このまま戻れないのでは……。

「助けてくれー!!」

人生で初めて、大声でこの言葉を叫びました。

流されたことに気づいた友人や、近くにいた地元の人たちが、何度も近くまで泳いできて助けようとしてくれるものの、潮の流れがあまりにきつく、私をつかまえることができないまま、みな引き返していきます。

あーもうだめだ。疲れた。波をかぶって海水が口の中へ入る。超苦しい。何度も沈みかけては這い上がる。意識を半ば失いかけて……まさに死の寸前。家族や友達の顔、そして過去のいろいろな出来事が次々に脳裏に浮かんでは消える……。あー、俺もこれでおしまいか、なんとも短い人生……。

そのときです。あきらめかけた私の近くに、小さなビーチボールが投げられました。長いロープのついた板切れを抱えながら、友達が助けに来てくれたのです。これをつかまなければ終わりだ。何度も何度もつかもうとするが、疲れ切っているのでなかなかつかめない。またブクブク……と沈みかける……。

いや、ダメだ！

最後の力を振りしぼって、ようやくビーチボールを捕らえた！　そして板切れにしがみつく。助かった！　あとは浜辺のみなさんが総出でロープをたぐって引き寄せてくれて、なんとか生還。

浜には海上保安庁の人やお医者さんが駆けつけていました。私は極度の疲労で声も出ない状態でしたが、幸い、海水を大量には飲んではいなかったので〝土座衛門〟にならずに済んだのでした。

台風が接近していて潮の流れが速く、地元の人でも泳げる状態ではなかったということは、あとで知りました。ひとこと注意してくれればいいのに、民宿のオヤジめ！

災い転じて……

実は、溺れかけたとき、ある人のことを思い出していました。学生時代最後の演奏旅行中に四国（香川県）の列車の中で出会った女性です。

一九六八年の春、就職前の「演奏旅行」は、四国をはじめ各地を巡る旅でした。石田榮雄教授に「入社前研修」とウソをついた、あの演奏旅行です。

夜中に岡山から宇高連絡船に乗って高松に着き、それから始発の列車で新居浜へ行く車中、同級生の梅實克彦が私のほうに来て、「隣の車両にかわいい娘が二人いるぞ」と言うのです。そのときはタモリも鈴木良雄も一緒にいたのですが、なぜか私だけがふらふらと梅實について行った。何か感じるところがあったのかもしれません。女性の一人に「今日、新居浜の市民会館で演奏会があるから、よければ来ませんか」と名刺を渡したのです。彼女は、弘法大師の生誕地として有名な香川県の善通寺出身で、東京の山脇学園短大で手芸を勉強して、二年ぶりに実家に帰る途中でした。久しぶりの帰省でとてもコンサートに行けるような状況ではなかったのでしょう。結局彼女が来ることはありませんでした。

彼女は私から名刺を渡されたものの、そのままほったらかしにしておいたらしいのですが、お姉さんが「せっかく声をかけてくださったのに、演奏会も行かなかったんだから、ハガキくらい書きなさい」と言ってくれたようなのです。そんなわけで、私のところに一枚のハガキが届きました。そこには「あのときは行けなくてごめんなさい」というようなことが書いてありました。これで初めて、彼女の住所と名前が判明しました。

その後、会うことはなかったのですが、文通を続けました。お互いの写真を送りあったりもしました。二年ほど、私は遠くにいるその人を想って過ごしていたのです。

……海で溺れかけていたとき、その後一度も会えなかった彼女のことを思い出していました。「ああ、これでもう会うことはないのか……」と。

命からがら生還した私は、「どうせ拾った命、ダメ元だ」と決心をして、その人に「お嫁さんに来てもらえませんか」と手紙を書きました。

そして確認のため電話をしようと思ったら、文通をしていたから住所は知っていたものの、電話番号がわからない。それで番号案内に電話して住所と名前を告げると、同じ土地で三軒も同じ名字が出てきた。ヤマ勘で「山口モータース」というところを選んだところ、これが見事当たり！

私の電話には彼女もびっくりしていました。とにかく一度お会いしましょうということになり、新幹線で来るというので東京駅のホームで出迎えたのですが、なんだかよそよそしい。彼女は開口一番「私が想像していた人と違う」と言う。これにはわけがあります。彼女にはちょっとかっこよく写っている写真を送っていた、というのが一つ。もう一つは、列車の中で声をかけたときに、その場にかっこいいM君という後輩もいたので、彼女はどうもその彼と勘違いしていたようなのです。

私はこのあと彼女を日吉に住むお姉さんのところまで送って行ったのですが、喋っても全然相手にしてくれない。その後もう一度会うには会ったのですが、表情は固いままで、全然乗り気でないのが伝わってくる……。

とうとう彼女が四国に帰る日がやって来ます。

帰る日の前日、「ジャンク」という有名なライヴハウスで、東大のイーストハードのOBメンバーと、ダンモ研OBの小西勝（ds）のグループが演奏することになっていました。ところが、リーダーのアルト・サックスの人が怪我をしてしまい、当時すでにサックスを再開していた私に、トラでこのセッションに出ないかと声がかかったのです。

脈がないことはわかっていたので、「これでさよならでもかまわないので、最後に聴きに来ませんか？」と私は彼女を誘いました。すると予想に反して、当日来てくれたのです。

演奏が終わってから、メンバーと喫茶店に行きました。もちろん彼女も一緒です。そのとき、それまで硬くこわばっていた彼女の顔がほんの少し緩んでいるように見えました。でもその日は何もなく、その翌日、彼女は四国に帰っていきました。

ところが、一週間後に彼女から一通の手紙が届きました。そこにはこう書いてありました。「音楽のある生活が素敵に思えました」「決心しました」と。

これが今の家内です。ジャズの力、恐るべし。

突然稼ぎ頭の部署に

さて、話を少し戻します。楽しいことも怖いこともあった藤枝工場から東京の本社に戻り、シルキータッチの糸の国内の営業を担当することになりました。担当地域は八王子。

八王子は戦前からネクタイで有名ですが、江戸時代から織物が盛んな地域です。絹製品は日本の重要な輸出品でしたから、八王子と横浜を結ぶ街道は絹の道とも呼ばれていました。八王子は当時、まだ機屋がガチャンガチャンと大きな音をたて仕事をしていて、繊維業界は下り坂に向かっていたものの、まだまだ景気がよかった。ご婦人が普段着に着物を着ていることも多かった時代ですから、需要もありました。八王子には機屋はもちろん、反物問屋、糸商（糸の問屋）もたくさんあったので、よく営業に行きました。夜になると宴会となるわけですが、キャバレーはあるし、芸者さんもいるし、街は大変な賑わい。板橋から通っていたので、帰りは終電に飛び乗ることもしょっちゅうでした。冬の夜遅い時間に中央線に乗ったら、風がぴゅーぴゅー吹き込んできて寒いのなんの。特別快速もない時代ですし、とにかく八王子は遠く感じました。

八王子では、機屋をはじめ取引先の人たちに「若いの、頑張れよ！」って感じでかわいがってもらいました。大人の遊び方を勉強させてもらった、というところでしょうか。

その後、先にも書いた水に溶けるビニロンを海外に売る部署に移ることになりました。その海外営業の中心にいたのが、慶應義塾大学出身の同期の男性でした。当時彼は二十五歳でしたが、英検一級で英会話はペラペラ、ビジネス書類も英語ですらすら書け、会社の利益のほとんどを彼が稼いでいたと言ってもいいほどの実績を挙げ、まさに超エリートと呼ぶにふさわしい活躍をしていました。

その彼が、いつの頃からかサラ金に手をつけ、友人からも大きな借金するようになってしまったのです。なんでそうなってしまったのか、本当のところはわからないのですが、もしかしたらギャンブルだったのかもしれません。毎日のようにサラ金から職場に電話がかかってくるので、とうとう会社にいられなくなって退社しました。

突然、会社一番の稼ぎ頭がいなくなってしまった。大変な事態です。とにかく後任を据えなきゃいけないということになり、ちょっとだけ英語ができた私に白羽の矢が立ったのです。

まず命じられたのは「会社に来なくていいから、英語を勉強してきなさい」。一カ月間英会話塾に通わされました。英語は嫌いじゃなかったので「お、これもチャンスかな」と思って、一生懸命勉強しました。アシスタントとして付いていた女性が、これまたかなり英語ができる人だったので、その人にもいろいろと教えてもらいました。何億円という取引をするわけですから、英文で書かれた書類や契約書も絶対に間違えるわけにはいきません。とにかく必死でした。おかげでそれなりに英語を使いこなせるようになりましたが、それでも海外と直接電話でやりとりするのは骨が折れました。

海外出張は夢のような時間

そんなある日、得意先回りの海外出張を命じられます。

私は当時二十八才でしたが、初の海外旅行、しかも飛行機に乗るのも初めて。羽田からバンクーバー経由でメキシコシティ、そこからカナダのトロントへ飛び、さらにニューヨーク、ニュージャージー、ワシントンDC、ノース・カロライナ、サンフランシスコ、そしてハワイという三週間の旅です。上司と二人の珍道中、とにかく初めての海外旅行はすべてが新鮮でした。

トロント経由で、憧れのニューヨークに到着したのは十一月の後半。ものすごく寒い。だけど憧れの街に一週間滞在できるので、胸は高鳴っていました。宿泊先は「キタノホテル」。

ニューヨークにはダンモ研の仲間が二人住んでいました。同期の鈴木良雄と一期下の増尾好秋です。

この二人は世界的なグループでめざましい活躍をしていました。ソニー・ロリンズのグループなどで活躍中の増尾はツアーで不在でしたが、鈴木はニューヨークにいたので、「ファイヴスポット」をはじめいろんなジャズクラブに連れて行ってくれました。ニューヨークのジャズクラブがすごいと思ったのは「I Am A Musician」と言うと、フリーチャージで入れてくれること。そんな日本にはない文化がかっこよかった。

一晩だけ、滞在先の「キタノホテル」を抜けて鈴木良雄のアパートに泊めてもらいました。すると次から次へといろんなミュージシャンが彼の部屋にやって来るのです。それだけで感激しっぱなしです。

彼はその時期、アート・ブレイキー&ザ・ジャズ・メッセンジャーズにベーシストとして在籍していたので、当然ながらアート・ブレイキーのライヴにも連れて行ってもらいました。「ミケルズ」という、ライヴハウスというか、パブのようなところです。レギュラーメンバーのビル・ハードマン（tp）、デイヴィッド・シュニッター（ts）に加えて、トラでアル・デイリーというこれまたいいピアニストが弾いていました。この店は飲み食いしながら音楽を聴くスタイルだったので、日本の「ピットイン」のようにお客さんが集中して音楽を聴くという環境ではありません。演奏中も少しガヤガヤしているのですが、そんなことには関係なく、彼らは熱演を繰り広げていました。お客さんはほとんど白人。音量をすごく抑えた演奏だったのですが、本当に心地よい音楽を奏でていて、素晴らしいの一言でした。当時（一九七四年頃）、日本でのジャズ人気はまだ高かったのですが、アメリカではやや下火になりつつある頃で、ブレイキーのような大スターでさえ、あのような小さなパブの仕事を受けていたのかもしれません。

演奏後、鈴木良雄にアート・ブレイキーを紹介してもらったのですが、「おお、チン（鈴木良雄のニックネーム）の友達か！」と歓迎してくれました。嬉しかった！　さらにはメンバーのビル・ハードマンに滞在先の「キタノホテル」まで送ってもらうなど、本当に夢のような夜を過ごしました。

夢のようなニューヨーク……から一転

これが夢ならば覚めないでほしい……そんな、幸せなニューヨーク滞在の最後に、悪夢のような事件に遭遇しました。

ニューヨークは治安が悪いと聞いていたので、そのあたりを鈴木良雄に尋ねたところ「パーンと鳴ったら、すぐ伏せろ」。しかし私は何日かの滞在中に、あまりにも素晴らしい体験をしたために、この街が危険だということをすっかり忘れていました。

そして、ニューヨーク滞在最後の夜、カッコをつけて一人で飲みに出かけたのです。

正確な場所は忘れましたが、よさそうなパブを見つけたので、思い切って入ることにしました。ドアを開けると、感じのいいバーカウンターがある。その真ん中あたりに席を取り「Gin

& Tonic」と言って酒をオーダー。ニューヨークの中心街で一人で飲む。憧れのブレイキーや鈴木良雄にも会えたし、本当にいい出張だった……。

しばらくいい気分に浸っていたら、そのうち入口近くが何やら騒がしくなってきました。どうも二人の客がモメ始めた様子。体格のいい黒人が隣の白人男性に言いがかりをつけている。だんだんと険悪な空気になってくる。不安を感じた矢先、とうとう黒人が立ち上がって暴力沙汰に！　バーテンが必死に止めようとするがまったく埒があかない。だんだんエスカレートして、大声を上げ始め、揚句の果て、なぜかその黒人が壁にかけてあった私のコートを着出す始末。さらに蛮行を続ける……。スタッフが警察に電話をかけるが、いっこうに〝POLICE〟は来ない。事件は出入り口近くで起きているので、逃げようにも逃げられない。店のマスターに「あれは、僕のコートです（That's mine!）。なんとかして……」と助けを求めるが「それどころじゃない、あいつはガンを持っているからすぐに奥に隠れろ！」。え！　これは一大事！　流れ弾にでも当たったら一巻の終わりだ。幸田稔、ニューヨークで銃弾に倒れる……。これはまずい！

隠れろと言われても細長い長方形の店でどこへ行けばいいのかわからない。少し奥の壁側を見たらちょっとした窪みがあったので、とにかくそこへ張りつくように体を寄せた。いっこうにニューヨークの警察は来る気配はない。心臓バクバク、体ブルブル、一分一秒がとても長く感じられる……。

どれくらい経っただろうか。マスターがわずかな隙を見つけて私のコートを取り返すと、「今だ、大丈夫だからすぐに逃げろ」。私は騒ぎの横を擦り抜けて飛び出すように外に出ると、タクシーを拾ってホテルへ……。「あー助かった。命拾いした」。

あのモメごとの結末はどうなっただろうか……。白人男性は無事だったろうか？　その後のことは知るすべもありません。

第４章

「Ｊ」の店主となり、赤塚不二夫さんと出会う

大人なジャズクラブ

二十代半ばのある日のこと。ダンモ研の後輩の吉田忠興が「いいお店がありますよ」と誘ってくれたので、飲みに行くことにしました。お店は厚生年金会館近くのローヤルマンション地下にある、生演奏を聴かせるライヴハウス。素敵な女性スタッフもいて、クラブのような大人っぽい雰囲気が気に入って、このお店によく通うようになりました。

当時は菅野邦彦さんや大野三平（肇）さん、早大の先輩の山川浩一さんなど第一線で活躍しているピアニストが連夜出演していました。演奏がスタートするのは、いつも十時過ぎ。それから朝三〜四時までセッションしていましたから、まさにニューヨーク時間のお店です。十二時を過ぎると各所で仕事を終えたミュージシャンが続々と集まり、その後有名になった人たちの演奏もたくさん聴けました。さらに、私のような一般人に対しても「一緒に演ろう！」と声をかけてくれ、演奏させてくれるなど、ジャズ好きにとってはとても魅力的なお店でした。

店の名前は「J」。この店名はJAZZの頭文字から取ったのではなく、マスターの名前「ジミー金澤」にちなむものとのことでした。ジミーさんはアルト・サックスをはじめフルート、ピアノ、ヴォーカルと多芸で、米軍キャンプ華やかなりし頃は、かなりの売れっ子ミュージシャンでした。

一九七八年八月、この店を悲劇が襲います。マスターのジミーさんが九州旅行の際に海の事故で突然亡くなってしまったのです。まもなく、奥様が「自分では店をやり切れないので誰か引き継いでくれないかしら」と言っている、という話が聞こえてきました。そして「J」に通っていたダンモ研の仲間たちと話しているうちに、共同出資して店を引き継いだらどうか、ということになったのです。私は考えました。

「このままサラリーマン人生を送るか、音楽のある人生を生きるか……」

このとき、幸田稔、三十二歳。海外出張にも行き、所属するセクションの業績も好調で、会社勤めは順調そのものでした。会社に対する不満など何もなかった。しかし同僚や先輩たちを見ていると、うまくいく人もいれば、そうでない人もいる。漠然とした先行きへの不安もありました。ただ、それよりも「J」のことを話しているうちに、「音楽とともに生きたい」という心の奥深くに眠っていた強い思いに心が揺さぶられていることに気づいたのです。

サラリーマン生活が悪いわけじゃない。しかし、鈴木良雄がアート・ブレイキーの、増尾好秋がソニー・ロリンズのグループに入るなど、学生時代一緒に音楽をやっていた仲間が世界的ミュージシャンになっていくのを見ていると、このまま一生サラリーマンとして安泰に生きるより、音楽の世界で生きることに賭けてもいいじゃないか、そう思ったのです。ダメでもともとじゃないか、と。

「J」を引き継ぐ

ジミーさんの奥様は、われわれ以外にも、何人かに声をかけていました。居抜きでお店を継げるわけですから、やりたいと思う人がいても不思議ではありません。私たちが声を上げたときに、すでに手を挙げていた人がいたようなのですが、「早稲田のOBだし、きちっとやってくれそうだから」ということで話がまとまりました。つまり、この「J」という店は、私が始めたのではなく、もともとあったお店を引き継いだものなのです。

店の代表を私が引き受けることになり、「ノースウエスト・エンタープライズ」を設立しました。「都の西北」ですね。後輩のタモリも出資してくれ、私に次ぐ大株主で、取締役を引き受けてくれました。他にも佐々木良廣さんがかなりの額の出資をして取締役になってくれるなど、結局六百万円以上のお金が集まりました。この経緯は「早大ジャズ研OBの友情、ジャズクラブを引き継ぐ」という内容で、「夕刊フジ」をはじめいろいろなメディアで報じられました。

もちろん会社は辞めることになったのですが、会社の人たちはみな温かかった。ゆっくりでいいから仕事の引き継ぎをしてくれということで、店を始めてからも二〜三カ月くらいは会社に通いました。それにしても海外にまで行かせてくれたのに、突然辞めちゃったわけだから、ずいぶん迷惑をかけたと思います。当時の社長は仕事には厳しい人でしたが、それでも「J」オープン後に来店してくださいました。

「J」という店名は、奥様の要望もあって、そのまま引き継ぐことにしました。ちなみに奥様は、元日活の女優でピアニスト。弟は日活の俳優の和田浩治さん、お父さんは日本のジャズピアノの草分けで、淡谷のり子さんのご主人でもあった和田肇さんです。

開店直後の「J」

「J」を引き継いだのは、一九七八年十月二十日。前マスターのジミーさんが亡くなってから二カ月後のことでした。

「J」はもともとジャズクラブながら美味しい中華料理を出す店だったので、厨房施設や調理器具、お皿をはじめ食器類も中華料理用のものが揃っており、コックさんも中華の料理人だったので、そのまま続けてもらうことにしました。「蒸し鶏の辛みキュウリ添え」をはじめ前菜各種、「チャーハン」に「特製上海焼きそば」、毎日手で巻いていた「春巻き」、「ジャンボシューマイ」、スープも鶏ガラや野菜をたくさん使って毎日手作りしていました。

以前から来店されていた常連さんたちも「とにかく毎日、ジャズが鳴っていればいい。グレードうんぬんはいいから、ジミーの思いを継いで頑張ってくれ」と応援してくださいました。

開店からしばらくの間は、私を最初に「J」に連れてきてくれた吉田忠興が、プロのミュージシャンのブッキングをすべてやってくれました。さらにお店をやっていく上でのアドバイスもくれました。

「幸田さんは客商売に向いてないから、大胆な格好をしなければいけない。そうだアフロにしましょう！」

そう言われて、本当にアフロヘアーにしてしまいました（！）。当時子どもが幼稚園に通っており、父兄参観などで私が園に行くと、「いやだ。ふつうのおとうさんのほうがいい」と言われ困りましたけど（笑）。

「J」が開店してまもなくハウスヴォーカリストとして迎えた安ますみさんにも大変お世話になりました。彼女はおよそ十年間在籍してくれましたが、その後カリスマヴォイストレーナーとして名を馳せています。プリンセスプリンセスの奥居香や、ゆずをはじめ、彼女の手にかかるとみな売れっ子になるという、伝説的な人物です。

恩人・赤塚不二夫さん

というわけで、スタート当初は昔からの常連さんやダンモ研のOBたちの助けもあって盛況でしたが、二〜三カ月も経つとぱったり客足が途絶えてしまった。自分が始めたことだから誰に文句を言うこともできません。いくら後輩がやっているといったって先輩方も毎日来られるわけはない。歯を食いしばって営業を続けました。

開店から一年ほど経ったある日、その後の「J」の命運を左右する一人のお客さんが来店します。

「週刊平凡」の「怪しい芸能人の宴会」という記事の取材でしたが、タモリが「J」を使うことを提案してくれたのです。そのときに来店されたのが、のちに「J」の大恩人となる赤塚不二夫さん。赤塚さんとはこのときが初対面でした。四〜五人の男がただめちゃくちゃに飲んでいる様子の写真撮影でしたが、そこにはなぜか私も入れてもらいました。

タモリの『オールナイトニッポン』でも二度、「J」からの生放送が実現。もちろん『オールナイトニッポン』ですから、当時ニッポン放送のディレクターだった、同期の岡崎正通の力が大きかった。彼はスタッフの打ち上げなどでもよく「J」を使ってくれました。

ニッポン放送といえば、当時、岡崎の上司には、亀渕昭信さんが編成部長でいらしたはずですが（のちに社長）、妹の友香さんが当時、「J」で毎週金曜日に歌っていました。彼女には、新生「J」がスタートした直後から毎月一回、主に前田晃子（p）さんのトリオで歌ってもらいました。前田さんは愛知県の岡崎市出身で、かの有名な〝ドクタージャズ〟内田修先生が同郷ということでとてもかわいがっておられた方です。当時から体格のよかった亀渕友香さんは、その頃「リッキー&960ポンド」というバンドのメインヴォーカルとしてテレビにも出ていました。その後ゴスペル界のカリスマ的存在として、またヴォイストレーナー&指導者としても大きな実績を残されました。

赤塚さんは、『オールナイトニッポン』の「J」からの生放送を、夜中に仕事をしながら聴いてくださったようで、取材で来られたあと、「この店は面白い」と言って頻繁に来店してくださるようになりました。多いときは週に三、四回くらいだったでしょうか。連れて来られる方たちもそうそうたる顔ぶれで、カメラマンの篠山紀信や作詞家の阿木燿子、イラストレーターの和田誠、「ベルサイユのばら」の池田理代子、女優の大地真央、漫才師の鳳啓助や講談師の神田香織などなど……とにかくジャンルを超えたお付き合いをされていました。

「J」史上最大の危機

それから数ヵ月後、「J」にとんでもない災難がふりかかります。

お店を始めて一年数ヵ月たった二月上旬のある日。午後三時頃、ビルの管理人さんから電話がかかってきました。

「おたくの店が火事ですよ!!」

大急ぎで駆けつけると、靖国通りに消防車が十台ぐらいズラリと並んでいる。消火活動はすでに終わっていたので、大急ぎで階段を降りると、火事特有の臭いが鼻を刺しました。店の中へ入ると真っ暗で、大量の水が店内に溢れています。消火作業で店内はメチャクチャ。ピアノも水を浴びて再起不能。全焼ではなかったのですが、水と煙で什器、備品などほぼ全滅でした。なんたることか！　愕然とする私にさらなる追い打ちをかけたのは、警察官の言葉でした。

「火災保険はいくらかけていましたか?」

あろうことか私の放火が疑われたのです。

冗談じゃあない。

怒りを抑えて「保険金は六百四十万円しかかけていません。店を再開するには千五百万から二千万円くらいかかると思います。自分で店を燃やすなんてとんでもない」と説明しました。会社を辞め、友人たちの力も借りながらやっと開いたお店が燃えてしまったというのに、真っ先に疑われるのが自分とは……。怒りを通り越して泣きたい気分でした。

消防は引き上げる際、こう言いました。「ここを一晩管理してください」。残り火で再燃するといけないからということなのですが、二月のものすごく寒い時期。死んじゃうよ！　責任者というのはこういうことまでしなきゃいけないのか……。近所の商工会の知り合いが「オフィスにストーブを焚いておくから、頃合いを見てこっちにいらっしゃい」と言ってくれたのが救いでした。これがなかったら凍え死んでいたかも。もう勘弁してくれ……。

放火の可能性も高かったものの、原因はとうとう特定できませんでした。

私の退職金と仲間からの出資でスタートした「J」が、あっという間になくなってしまった。これからどうしたらいいのか……。夜逃げするしかないか……。

途方に暮れていた私に助け舟を出してくれたのは、そのときはまだそれほど親しいお付き合いをさせていただいていたわけでもない、赤塚不二夫さんでした。

「とにかくうちに来なさい」

お宅にうかがうと、手作りの料理をご馳走してくださって、私にこう言いました。

「せっかくみんなの純粋な気持ちで始めたのだから絶対やめたらダメだ。自分も全面的に協力するから、お客さんたちにもカンパを呼びかける手紙を出そう」と。自ら「J」の再建委員長を名乗り出てくださったのです。

そこから事態が少しずつ好転します。たくさんのお客様やミュージシャンから多額のカンパが集まり、火災保険もほぼ全額出て、銀行からの借入も実現。さらに内装も早大の先輩が原価で引き受けてくれるなど、多くの人たちの協力を得て、なんと二カ月足らずで再開へとこぎつけたのです。四月一日（エイプリルフール）に再開パーティーとなり、当日は火事で真黒けになったボトルをテーブルに並べて、文字どおり「焼け酒」パーティーとなったのでした。もちろん、赤塚さんも駆けつけてくださいました。

再オープンの際には、料理も一新して、中華から洋食（イタリアン？）に方向転換。厨房もガラッと変わりました。程なくして御茶ノ水のジャズの名店「NARU」で働いていた宮崎君という若い腕利きのコックが来てくれて、「J」名物の生地の厚い手造りピザをはじめ、現在まで続く「J」の料理の基礎を築いてくれたのです。

火災事故の翌年からは、ご厄介になった四谷消防署の方に火災記念日に来てもらい、ライヴの合間に講演と「火災予防映画」を上映していただいています。変なライヴハウスですよね（笑）。

赤塚さんも事務所存亡の危機だった……

火災があった当日、本来なら文化放送の取材（収録）が行われる予定でした。稲川淳二さんが芸能人の店を訪ねるというものだったのですが、当日のことでしたから稲川さんとスタッフのみなさんは、火災があったとは知らずに現場に来てしまったのです。稲川さんは「このような状況での収録は信じられない」と言いながらも、しっかりインタビューをこなして、後日放送となりました。

またTBS『すばらしき仲間』の収録も目前に迫っていたのですが、こちらは赤塚さんが「店が再開してからやろう」ということで延期してくださり、再オープン後に晴れて収録が行われました。そのときの出演者は赤塚不二夫、山下洋輔、タモリ、坂田明、中村誠一、三上寛、長谷川法世という超豪華メンバー。超怪しい集団のメチャ面白い展開となり、一週三十分の放送枠では足りず、異例の二週連続のオンエアとなりました。

実はあとから知ったことですが、この頃、赤塚さんの事務所は経理担当者による多額の横領事件で、倒産の危機だったらしいのです。当時の私はそんなこととはつゆ知らず、飲食代の請求書を毎月事務所に送っていました。そして赤塚さんは、毎月、何十万円という金額を一回も遅れることなくきちんと振り込んでくれ、それだけでなく火災が起きたときには、その再建委員長まで買って出てくださったわけですから……「J」の命の恩人と言ってもいい赤塚さんには、もう感謝してもしきれません。

赤塚さんにお礼を言っても「いや、みんなが頑張ったからだよ」と言うだけ。恩に着せるようなことは一切言わないのです。私がここまでなんとか「J」を続けてこられたのは、赤塚さんのおかげです。人生はお金じゃない。人との出会いなんだと思います。

そうそうたる顔ぶれの宴会

赤塚さんはもちろんジャズもお好きでした。私は当初、山下洋輔さんやタモリが赤塚さんにジャズを教えたのかなと漠然と思っていたのですが、赤塚さんご自身にうかがったところ、思いがけない名前が出てきました。「ジャズを聴くきっかけは石ノ森章太郎だった」というのです。

「石ノ森がジャズが好きでなあ。隣の部屋に住んでいたんだが、毎日ジャズをかけるんだよ。俺はあんまり興味なかったけど、毎日聴いていたもんだから、いつのまにか身についちゃった」

だから、赤塚さんのジャズ原体験はトキワ荘にあり、なのです。リクエストするのは決まってソニー・ロリンズの「セント・トーマス」。石ノ森さんと『サキソフォン・コロッサス』(Prestige) でも聴いていたのでしょうか。

赤塚さんといえば、新宿二丁目の「ひとみ寿司」を思い出します。

私はコンサートの仕事などで全国各地へ行くと、打ち上げのあとも何軒もハシゴしてしまい、ホテルへ帰るのは朝三時か四時……という宴会大好き人間ですが、その原点はどうもこの「ひとみ寿司」での宴会にあるように思えてなりません。木造二階建てで、お座敷のある「寿司屋」と二十四時間営業の「居酒屋」、それに「スナック」の計三軒が同居している不思議な造りのお店でした。宴会はもっぱら寿司屋のお座敷だったのですが、寿司はほとんど注文せず、お新香をつまみながら、臭いの強い本格芋焼酎を焙じ茶で割って飲んでいました。そこには、赤塚不二夫さんを中心に、若き日のタモリ、所ジョージ、山下洋輔、坂田明などなど多士済々な人たちが夜な夜な集まり、熱いトークバトルやドンチャン騒ぎを繰り広げていたのです。

たとえば二階の宴会場に蚊帳《かや》を敷いて、その上に水をまいて「水泳だ！」と泳いだり、たまに寿司を注文したと思ったら「寿司将棋」なんてことをやってる……そんなこんなでとうとう出入り禁止になった、というワケです。

私は「J」の営業が終わるとほぼ毎夜、この店に立ち寄りましたが、スナックコーナーで赤塚さんと二人で宴会、ということもよくあり、映画の話や芸についてのお話をたくさんしてもらいました。特に印象に残っているのは「芸人は品性がなければだめだ」といつもおっしゃっていたこと。スナックコーナーには〝悦ちゃん〟という実に歌の上手なお姉さんがいたのですが、赤塚さんは一晩に何度も彼女に「黄色いシャツ（オッチョンジー）」をリクエストし、その都度「悦っちゃんステキ！」と二人で叫んで、朝まで楽しく過ごしました。

赤塚さんには何百回と御馳走になったのですが、私が飲み代を払ったことは一度もありません。おそらく宴会に参加した全員の飲み代を払っていたのでしょう。「ひとみ寿司」から送られてくる請求書は毎月百万円単位だったはずです。前述したとおり、「フジオプロ」が存亡の危機だったときに……まことに図々しいことをしてしまいました……。

この「ひとみ寿司」での宴会がもとになって、『下落合焼とりムービー』（一九七九年）という、まことにもって不思議な映画もできました。この映画を監督した山本晋也さんは、昭和の大人の文化に貢献した映画人の一人ですが、晋也さんとも赤塚不二夫さんとのつながりで知り合いました。映画の内容は、当時の赤塚グループの宴会芸が延々と続くというもので、企画は赤塚不二夫、髙平哲郎。髙平さんは、自分から率先して悪ふざけをするというタイプではないのですが、自然と周囲に面白い人たちが集まってくるような方です。飲み屋でどうしようあしようとみながやり始めると、それをうまく構成してまとめてしまう。根っからのプロデューサーですね。

赤塚不二夫さんには御馳走になるばかりでしたが、「ひとみ寿司」の他にも新宿二丁目の「AILALA」（二〇一八年で五十周年。常連客に、遠藤周作、唐十郎、嵐山光三郎など）をはじめいろいろな面白い店に連れて行っていただきました。

その一つ、四谷三丁目の「ホワイト」（その後西麻布で営業していた）はまさに芸能人やアーティストの溜まり場。初めて一人で行ったときには宮崎ママに「当店は会員制です」と断られてしまい、その後、赤塚さんに連れて行ってもらいました。ここには思い出せるだけでも、根津甚八、桃井かおり、石田えり、竹中直人、内田裕也、安岡力也、伊集院静、南伸坊、村松友視、阿佐田哲也、赤瀬川原平、黒田征太郎、長友啓典、〃クマさん〃こと篠原勝之、高橋伴明監督、菅原正二、それにもちろんタモリ、山下洋輔、坂田明、中村誠一、村上〃ポンタ〃秀一をはじめ多くのミュージシャンや、事情あってここには書けない面々も数多く出入りしていました。ケンカ寸前の議論をする者、とっておきの芸を披露する者などでいつも朝まで熱気ムンムンでした。

「運ちゃん、熱海へやってくれ!」

あるとき、中野新橋の料理屋「みたか」で〝赤塚不二夫を囲む会〟が催されました。しかし当の赤塚さんは体調不良で欠席（たぶん二日酔い？）。主役なき宴会になってしまったのですが、そうそうたる顔ぶれが集まり、バカバカしくも楽しい時間を過ごしていたのです。

九時を回った頃でしょうか、誰からともなく「今から熱海に行こう！」となった。最初は冗談かと思っていたのですが、いつのまにかタクシーを何台も呼んで、とうとう「運ちゃん、熱海へやってくれ!!」。東名を走って熱海へ……。私の両サイドは放送作家の滝大作さんと、日本冒険小説協会会長で元トリオ・ザ・パンチ、「ハードボイドゥドダド！」で一世を風靡した内藤陳さん。焼酎のボトルをタクシーに持ち込んでメチャクチャな会話をしながら回し飲み。すでにけっこう出来上がっていた上に、走る車の中で飲むもんだから目の前がグルグル回っていました。他の車には髙平哲郎さん、山本晋也さん、ピンクレディーなどの振り付けで有名な土井甫《はじめ》さん、画家の田村セツコさん、声優の〝チャコさん〟こと白石冬美さん、赤塚さんの美人秘書・藤井郁子さんなどなど。いったいぜんたいどうなるのか。

熱海に着くと腹が減り、みんなでラーメン屋へ。浴衣姿の観光客たちはこの団体に出くわしてビックリ。宿は駅から程近い「南明ホテル」。大浴場に入ってリフレッシュしたあとは、部屋でまたまた大宴会。いよいよわけがわからなくなってくる。数時間前までは「中野新橋」で、そして今は「熱海」で宴会。ヤッタゼー！　一度はこんな遊びをしたかった！　これぞまさに究極の宴会。このときの費用は髙平哲郎さんが出してくださったとのこと。いつも御馳走様です。

ところがいいことばかりとはいかないもの。私は翌日の午前中、NTVの番組収録が控えていたのです。三十分のジャズ番組（「ジャズハウス」）にゲスト出演して、東京やニューヨークのライヴハウス事情について話すというもの。早朝、熱海から新幹線に乗って麹町のスタジオへ直行したのですが、二日酔いで顔は真青、服は着の身着のまま、最悪のコンディション。頭は回らないし、冷や汗はだらだら……。あとで録画で自分の姿を見たのですが、まるで抜け殻のようでした。世の中楽しいことばかり、とはいきません。ちなみにこのときには、今や役者として有名なでんでんさんと一緒でした。

ロマンポルノ出演未遂事件？

「J」はラジオやテレビの収録以外に映画でも使われています。たとえば、森田芳光監督のデビュー作『の・ようなもの』（一九八一年。出演：伊藤克信、秋吉久美子、尾藤イサオ他）。監督から突然「幸田さん出てください」と言われ、ウエイター役で出演もしています！　なんとセリフありでギャラまでいただいてしまいました。私の登場シーンは、でんでんさんが恋人と別れ話をしているところへ「フライドポテトがきました」と言うだけのものなのですが、なぜか映画館では大爆笑だったそうです。その後、森田監督の『愛と平成の色男』

（一九八九年）の撮影でも「J」が使われました。この映画は、主演の石田純一が昼は歯科医、夜はサックス奏者としてライヴハウスに出演、モテモテの日々を送るという設定で、鈴木保奈美が共演しています。このときもマスター役で出させてもらいました。ちなみに森田監督の奥様は、三沢和子さんというジャズピアニストで、早稲田のハイソ出身です。

映画といえば、どういうわけか日活ロマンポルノの準主役（!!!）の話が来たことも。「J」の常連だった映画プロデューサーが、ある日シナリオを持ってきて、「明日までに返事をくれ」と言うのです。タイトルは『人妻いじめ』。役柄はサックス吹きの男なのですが、これが家の二階に下宿していて、一階に住む人妻をサックスの音で誘惑して事に及ぶというお話。主役は当時〝ロマンポルノ界の聖子ちゃん〟といわれた寺島まゆみ。ちょっと乗りかかったのですが、その頃の私は体重五十キロのガリガリの〝ガイ骨人〟。あまり人様に見せられたものじゃありません。さらに（当然ながら）家族には猛反対され、結局お断りすることにしました。私の代わりに悪役商会の丹古母鬼馬二《たんこぼきばじ》がその役についたのですが、彼はサックスにまったく触れたことがないので、私が指導することになり、調布の日活撮影所に通ってサックスの吹き方を伝授しました。撮影にも立ち会って〝前貼り〟なるものをつけて絡み合うシーンを拝見させていただいたり……。また、フィルムが出来上がってから、場面に合わせてサックスの音を入れることになり、自作曲でのアフレコもしました。この映画は一九八二年に公開されています。

保養所を所有するジャズライヴハウス

あるとき「スイングジャーナル」の取材で、お店の特色を尋ねられたので、『J』は伊豆に保養所を持っている」という話をしたところ、「それはスゴイ。ジャズのライヴハウスで保養所を持っているのは全国でも『J』だけでしょう」と。そう言われれば、「ブルーノート」の保養所がどこかにあるという話は、聞いたことがない（あるかもしれませんが……）。

この「J」の保養所というのは実は三十年くらい前に、当店の森田取締役宣伝部長より譲っていただいた物件なのです（もちろんタダではありません。あしからず）。伊東市の城ヶ崎海岸の近くで、よくテレビドラマにも登場する〝海の吊り橋〟のすぐそばにある別荘です。森田氏は当時、伊豆急行が開発した高級別荘地の「伊豆高原」と「城ヶ崎海岸」の両方に別荘を所有していました。たまたま城ヶ崎のほうを知り合いに譲るという話をしていたので、ちょっと割り込んで『J』（つまりノースウエスト・エンタープライズ）の保養所として残しておくのが一番いいのでは……」と提案したところ「なるほど、それはちょっと考えていなかったけど、いい話かも」となったのです。

そこで一九八四年の春、「J」の役員、全員で「踊り子」号に乗って下見に行きました。現地では森田氏が伊豆高原の別荘で待ち受け、そこから高級外車を自ら運転、われわれを乗せて城ヶ崎まで案内してくれました。道中、地元の名勝などを回って「お客さーん。最高のロケーションですよ」と不動産業者になりきっての説明は絶妙そのもの。

城ヶ崎海岸は大室山の噴火で流れ出した溶岩が造り出したもので、断崖に太平洋の荒波がぶつかる、とてもステキな場所。別荘はそこから歩いて五分ぐらいのところで、木立に囲まれており、一見山荘のような雰囲気。私はスッカリ気に入ってしまった。仕事をリタイヤしたらこういうところでのんびりしたいな……というわけでタモリ家の別荘（土地一七八坪、建物二二・三坪）は「J」の保養所となったのです。

今はちょっと建物が古くなって利用する人も少なくなりましたが、リスや猿もやってくる自然に恵まれた環境で、真夏でもクーラーいらずの快適さ。海水浴、スキューバダイビング、魚釣り、美術館巡りなどで、「J」のお客様やミュージシャンの方々が毎週のように利用されていました。

一九九〇年九月には、この保養所から車で十分くらいの「伊豆ぐらんぱる公園」の屋外ステージで、なんとマイルス・デイヴィスのコンサートが開かれました。目黒のライヴハウス「ブルースアレイ」の開店関連イベントだったのですが、あのマイルスを呼んでしまったのです。「これはちょうどいい」と、店のスタッフ全員を連れて、慰安旅行を兼ねて行くことに。当日はとても暑い日でしたが、目の前でマイルス、そしてサックスのケニー・ギャレット（無名の頃は、日本に来るたび「J」に出入りしていた）、唯一の日本人ケイ赤城（p、key）らが演奏している。ケイ赤城はその頃、来日するたびに「J」をリハーサル会場として使ってくれていたので、仲良くさせていただいていたのです。それにしても、すぐ目の前でマイルスが吹いているなんて、まさに夢のようなひととき。マイルスは声がほとんど出ず、メンバーを紹介するときはそれぞれの名前が書かれたパネルを示して、ソロが終わるたびに拍手を求めていました。

この保養所の左隣はしばらく空地だったのですが、しばらくして、素敵なお家が建ちました。庭も広く、バラの花がたくさん植わっている。こちらの年季の入った建物とはエライ違い。その後、ある年の夏に、管理組合から「お宅の伸び放題の樹木がお隣の家に相当かぶさって、迷惑をかけているので、周囲全体も含めて早く伐採してください」と電話がかかってきた。手土産を持って現地に行き、そのお宅にお詫びにうかがったところ、奥様が出てこられ、開口一番「『ノースウエスト・エンタープライズ』と表示してあるので、航空会社かと思ってましたよ」とおっしゃる。「いえ、これは〝都の西北〟の意味なんです。新宿で『J』というジャズの店をやっています」と答えたところ、「えー！　うちの娘、ジャズシンガーでお宅にも出演させてもらってますよー。私たち夫婦も応援に行きました」。なんたる偶然。お嬢さんの名は渡辺留奈さんで、もちろん私もよく知っています。「さあ、どうぞお上がりください」。怒られるかと思ったのに逆にお茶やお菓子を御馳走になってしまった。御主人が大手の商社を定年退職後、夫妻でこちらに住まわれているとのこと。人との不思議なつながりで、モメごとにならず一件落着、というお話でした。

第5章

「J」と“ジャズな”人々

「J」にはさまざまなお客様が来てくださいますが、それも素晴らしいミュージシャンたちの活躍あってのこと。ここですべての方を取り上げるには紙数が足りませんが、思いつくままに「J」に登場したミュージシャン、また「J」とゆかりのある人たちの思い出を綴りたいと思います。

新進ボサノヴァシンガー小野リサ

一九八四年八月、ギターを抱えた二十歳そこそこの若い女性が「J」にふらっと現れ、ライヴの合間に弾き語りを披露しました。残念ながら私はそのとき不在にしており演奏を聴けなかったのですが、翌日店に行くと「昨晩スゴイ人が来た」とスタッフが大騒ぎしていました。これがボサノヴァシンガー小野リサの「J」での初演奏でした。

「幸田さん、絶対彼女をブッキングしたほうがいいですよ!」。スタッフみながあまりに勧めるので、早速翌月から、週末の深夜のコーナーに出演してもらうことにしました。

実際に演奏を聴いたらビックリ! ピュアで透明感がありながら、ボサノヴァ独特のリズムもノリも本物で、歌もギターも相当な腕前。ブラジルで生まれ育ったのでポルトガル語もパーフェクト。ボサノヴァ好きの私は心底うなりました。

当初はなかなかお客さんも増えませんでしたが、出演を月一回から月二回にした頃から、少しずつ新進ボサノヴァシンガー小野リサの名前が浸透していきました。彼女はグループも結成していたので、バンドとして通常の時間帯にも出演してもらうことにしました。バンドのサウンドもなかなか素晴らしいので、私の関わっているイベントをはじめ、地方公演のブッキングもするようになりました。


思い出に残っているのは、清里で行われた山梨放送のライヴ録り。清里の駅前の屋外イベントスペースで、一般のお客様が行き交う中での演奏でした。前日、「J」の閉店後に、車三台を連ねて中央高速をひた走り、早朝に現地入り。ちょっと仮眠をとって昼からリハーサル&本番。演奏はとても快調で、ブラジル人の女性サンバダンサーの踊りも加わった華やかなステージとなり、大好評のうちに幕を閉じました。

翌日の帰路、「乗馬クラブ」がすぐ近くにあったので乗馬に挑戦することにしました。私もリサさんも初体験。乗ってすぐにお尻が痛くなってきた。この痛さは半端じゃなかった。私はなんとかヤセ我慢をして三十分持ちこたえたのですが、リサさんは十分ともたずギブアップ。泣きべそをかいて「もう降りるー！」と言い出した。このときの彼女の表情は今でも忘れられません。

小野リサさんには、この後にも読売ランドイーストでの「JAZZ　SUMMIT」（マリーン、ハンク・ジョーンズなどが出演）、八王子のカレッジタウンでのライヴ（マーサ三宅さんや山下洋輔さん、坂田明さんなど強力なメンバーが出演）、熊本「ASPECTA　JAZZ　IN　阿蘇」（観客二万人、国内外の二十一バンドが出演）など、私がプロデュースしたり司会をしたりした催しに出演してもらい、行動を共にすることがとても多くなりました。

彼女は日本で活動する一方、毎年必ず二月（カーニバルの時期）にブラジルへ行って数カ月を過ごしており、そのときは必ず絵葉書をくれ、現地での様子を伝えてくれました。帰国するといろいろなお土産品も持ってきてくれました。コルコバードのキリスト像が彫刻された銅板、手のかたちをした置きものやお守り、ブラジルの特産の石を使った大きな置時計、極めつきは持ち帰るのが大変だったに違いない立派なハンモックなどなど。すべて大切にしています。

小野リサさんの評判は口コミでどんどん拡がり、「J」でのライヴも毎回ほぼ満杯になるようになりました。本人も「これはイケる」と手応えを感じ始めたようで、ブラジル大使館のスタッフをはじめ、あらゆる人脈を使って集客に努力してくれました。一九八六年からは、「J」の他に六本木「サテンドール」、新宿「カーニバル」と出演場所を増やしていきました。

翌年には私がコーディネーターを務めていたNTVの『セレクト・ライブ・イン・ジャズ（ウイークエンドジャズ）』（ライヴハウスの生演奏を収録し、ほとんど手を加えずに放送する、土曜深夜十二時からの一時間番組）にご登場願いました。番組のコンセプトはオーソドックスなジャズグループに光を当てるというものでしたが、スポンサーに「ボサノヴァシンガーだけど演奏内容については、絶対保証します」と懇請してOKを取り付けました。収録場所はもちろん「J」。演奏の合間に田村セツコさんとのトークをはさんで十数曲を熱演。今のテレビでこんな番組はできないでしょう。本当にわれわれにとっては理想的な番組でした（ちなみに、この日の出演は、小野リサ（vo、g）、エリオ・セルソ（p）、横山裕（b）、島田忠男（ds）、鈴木雅之（ts、fl））。

さて、小野リサさんのこの演奏がオンエアされるや否や、日本テレビや「J」に問い合わせが殺到。「日本にこんな本格的なボサノヴァシンガーがいるとは！」。これ以降「J」での小野リサさんのライヴには、「J」の歴史上、最高記録となる多数のお客様にお越しいただきました。キャパ八十名のところを、なんとか入れ替え作業をして百八十人のお客様に来ていただいたこともあったほどです。スタッフも大変だったと思いますが、今から思えば実にいい時代でした。

一九八九年にはMIDIからファーストアルバム『カトピリ』をリリース。その後の活躍はみなさんご存じのとおり。毎年CDをリリースし、オーチャードホールでの定期コンサート、そして全国ツアーと一気にメジャーになりました。その後も私の関わっていた「マウント岩木ジャズフェスティバル」や大阪「花の博覧会」中央ステージのスペシャルコンサート（増尾好秋や鈴木良雄などと共演）等に出演してもらい、一緒に旅をしました。ときどき「J」にもギターを抱えて遊びに来て演奏してくれました。最近は会う機会も少ないのですが、現在もボサノヴァの女王として君臨しています。

ちなみに彼女のご両親は、四谷でブラジル料理とサンバの生演奏を聴かせる「サッシ・ペレレ」というお店を経営しています。一九七四年から営業している、日本のブラジル料理店では老舗といえるお店で、お二人も「J」にときどき来られていました。あるときお父様が「うちの店は毎日、サンバでドンチャカドンチャカやっているので、娘が『J』さんみたいな場所でじっくりボサノヴァを唄わせてもらえてありがたい。娘もうちでやるより『J』で演奏するほうがずっといいって言ってるんだよ」と。

お父様とはその後も仲良くさせてもらい、一九八九年十一月には、ボサノヴァギターの神様、バーデン・パウエルを「J」に連れて来てくれました。その日は小野リサさんのステージだったのですが、彼女の演奏が終わったあと、バーデンがギターを抱えてステージに上り何曲かリサさんとデュエット。さらに不思議なパターンを繰り返す個性的な曲をはじめ、一時間くらい〝弾き歌い〟してくれたのです。小野リサさんには家族ぐるみでお世話になりました。

リッチー・コールとタモリ

「J」は海外のミュージシャンにも数多く演奏してもらっています。

その一人が白人アルト奏者のリッチー・コール。開店してから数年経った頃のことです。当時、彼は立て続けにLPをリリースしていて、日本でも大変な人気でした。そんな彼が東京公演の間、連日「J」に現れたのです。出演バンドに飛び入りして演奏するだけでなく、偶然出くわした「J」取締役兼宣伝部長タモリ氏と抱腹絶倒の大スキャット合戦を展開したこともありました。タモリはラッパ、私もサックス二本吹きで応戦、連日、店内は熱狂に包まれました。リッチー・コールとタモリは『オールナイトニッポン』や『笑っていいとも！』などでも共演していましたから、よほど気が合ったのでしょう。

アメリカのジャズミュージシャンには優しい人が多かったですね。一緒にセッションをしていても、こちらのうまい下手を言わないで、演奏が終われば「あなたの気持ちがこもった演奏だった」とか、いいところを見つけてほめてくれる。どんな売れっ子のミュージシャンもみんなそうでした。

チェット・ベイカーの音は太かった

チェット・ベイカーも印象深い一人です。

一九八七年六月十五日、広告代理店勤務の傍らトランペットの演奏活動を続けているヒロ川島氏が、かねてより親交のあったチェットを「J」に連れて来てくれることになったのです。チェットの日本公演最終日、ついにあのチェット・ベイカーが「J」にやってきました！　来日メンバーたちも一緒です（ピアノがハロルド・ダンコ、ベースがハイン・ヴァン・デ・ゲイン、ドラムがジョン・エンゲルス）。この日の「J」はブレイク直前の小野リサ＆エリオ・セルソ・グループの出演だったのですが、チェットは日本人女性が歌う本格的なボサノヴァの演奏を興味深げに聴いていました。

チェットは『チェット・ベイカー・シングス』（Pacific）などのレコードジャケットに写っている若い頃とはまったく別人のようでした。麻薬の影響か、目は窪み、頬はコケ、かつての美青年の面影はまったくありません。でもチェット本人です、間違いない。

小野リサの演奏が終わったところで、いよいよセッションがスタート。しばらくして、チェットがおもむろにトランペットを取り出して吹き始めました。それも立ってではなく椅子に座って。私は、クールで軽いチェットのラッパと歌を想像していたのですが、全然違う。芯のある太い音で、しかもため込みのある魅力的なフレーズをこれでもかと吹き続けるのです。枯れた歌声も人生の深みを感じさせる素晴らしいものでした。彼はとりつかれたようにたっぷり二時間も吹き続けました。

この日はタモリも来店していたのですが、彼も私もとても現実のこととは思えず、「本物のチェット・ベイカーが目の前で吹いてるね～」などと言い合っておりました。深夜三時近く、チェットが帰るというので、店の外まで見送りに出ました。そしてこれが彼との最後の面会になったのです。

翌年五月十三日、彼はアムステルダムで謎の死を遂げました。旅先のホテルの窓から転落死したのです。「飛べると思ってたんだって、鳥みたいに……」。現地はこの話題でもちきりだったといいます。

天才トランペッター＝チェット・ベイカー、鳥になれずに死す。残念ながら〝バードマン〟ではなかった……。

耳よりなお話を。実は「J」での約二時間のライヴはビデオ撮りされており、ヒロ川島のグループ、ラブ・ノーツのDVD『ALBUM / Jazz-Love Notes』（ダィキ）に収録されています。チェットとヒロ川島のトランペットバトルも見ものです。今となっては超がつく貴重な記録です。ファンはお見逃しなく。

レイ・ブライアントが板を踏む音

若い頃にジャズ喫茶で、繰り返し繰り返し聴いたジャズジャイアンツが亡くなっていくのは、淋しい限りです。二〇一一年にピアニストのレイ・ブライアントが亡くなったときは、本当に悲しかった……。

学生時代に聴いた珠玉の名曲「ゴールデン・イアリングス」（原曲は同名の映画主題歌で、マレーネ・ディートリッヒが歌った哀愁の名曲。アルバム『レイ・ブライアント・トリオ』（Prestige）に収録）の演奏は、今も私の胸に刻まれています。端正かつリリカルな演奏で、ダンモ研の同期のピアニストもよくこの曲を弾いていました。

一九七二年のスイス「モントルー・ジャズ・フェスティバル」での演奏を収録した『アローン・アット・モントルー』（Atlantic）は素晴らしいライヴ盤です。オスカー・ピーターソンが出演できなくなり、急遽レイ・ブライアントが代役で登場したのですが、ソロピアノでの強烈なパフォーマンスが大評判となり、一気にスターダムへと上り詰めました。

そのレイ・ブライアントのソロライヴが「J」で行われたのが一九八五年五月のこと。当時それほど有名ではなかったある招聘会社からオファーがあったのです。昔から好きで聴いていたミュージシャンですから、断る理由などありません。ぜひ！ということでお願いしました。

当日「J」に現れた彼は、「ピアノの下に薄い板を置いてくれ」と言いました。何のためかと思ったら、右足でリズムをキープするための板だったのです。演奏が始まると、板を踏む音が彼のファンで超満員の「J」に響き渡りました。彼のソロピアノはすごかった！まさに『モントルー』の再現だ！有名な「ゴールデン・イアリングス」の端正で穏やかな印象とはまったく異なり、左手で力強いブギウギ風のリズムをダイナミックに刻み、右手も分厚い音でメロディーを奏でています。スローバラードでは実にハートフルで繊細なプレイをするのですが、やはり彼の本質はブルース・フィーリング溢れるプレイ。聴く者を圧倒する演奏でした。

二年後、再びソロで出演してもらいましたが、前回にもまして重厚で、かつ完成度の高い演奏を披露し、満員のお客様をうならせました。その後も来日のたびに「J」に寄ってくれたり、一緒に食事をしたり、折に触れ彼の優しい人柄に触れられたことはとても幸せでした。

一九九九年「ジャズの殿堂」入り、そしてその翌年、毎年司会をさせてもらっている青森の「南郷サマージャズフェスティバル」で再会しました。レイはとても快調で、アンコールにつぐアンコール。パワーもまったく衰えていません。終演後は、レイの学生時代の友人で、私も家族ぐるみで親しくさせてもらった〝Mr.Bob〟（アメリカ大使館員）の話など、懐かしい話に花が咲きました。

彼には『アローン・アット・モントルー』のレコードジャケットにサインしてもらったのですが、そこには〝Keep Flying〟と、バードマンへの言葉が添えられています（口絵参照）。

近年は、来日するミュージシャンが日本公演の前後に他のライヴハウスでセッションすることが許されない契約になっているので、「J」のような店に著名な外国人ミュージシャンが立ち寄るのはとても難しくなりました。以前は、日本のライヴハウスで、日本のミュージシャンと話したりセッションしたりすることが、来日するミュージシャンたちの喜びでもあったのですが。

まさかの代役、ジョージ・ベンソン

一九八九年八月、大阪の池田市の「市政五十周年記念野外ジャズフェスティバル」のプロデュースと司会を任されました。五千人のキャパで、出演者は日野皓正、鈴木良雄、益田幹夫、中本マリなど日本の一流どころ。ところがポスターなどの刷り物も出来上がった段階で、あるミュージシャンが出演できなくなってしまい、急遽代わりを探すことになったのです。交渉の結果、出演してくれることになったのが、なんとあのジョージ・ベンソン！　ちょうどそのとき、自身のグループで来日していたのですが、ダメ元で連絡したら、行ってもいいよということになった。

当日、最後に出演者たちによる一大ジャムセッションが始まったのですが、日野皓正のラッパとジョージ・ベンソンのギターと歌で、まさに大バトル。そこに中本マリや鈴木良雄も加わって、それはそれは素晴らしい演奏を繰り広げたのでした。司会の私も興奮しっ放し。後日、中本マリさんから感謝のお言葉をいただきました。「あのときジョージ・ベンソンさんと共演させてもらったおかげで、その後来日のたびに彼から声をかけてもらうようになりました」と。

ギャラを受け取らなかったパット・メセニー

一九九二年一月には、人気絶頂のパット・メセニーのシークレットライヴが「J」でありました。日本公演の合間に日本のミュージシャンと演りたいという本人の希望があり、プロモート会社の方から電話がきたのです。共演のミュージシャンには、鈴木良雄と日野元彦（ds）を指名。「J」のハガキやジャズ雑誌、そして「ぴあ」のスケジュールには「Mr. X（ギター）」とだけ載せて、店内だけに「パット・メセニー Live at『J』」の貼り紙を出しました。それだけの告知にもかかわらず、当日は階段から靖国通りまで長蛇の列。パットはアコースティックギターをはじめ三種類のギターを見事に使い分け、ナンバーワン・ギタリストぶりをいかんなく発揮してくれました。海外の一流ミュージシャンには真面目な人が多いのですが、彼もまた、すべての機材を自分で持ち込んで、手を抜くことなく自分の持てるすべての力を出し切る素晴らしいミュージシャンでした。そして終演後、「ギャラはいらないから、あとの二人に自分の分も渡して欲しい」というのです……。それにしても、この日のミュージックチャージは一人二千円ですから、この料金でパットのライヴを体験できたお客様とわれわれはラッキーとしか言いようがありません。パットに感謝！です。数日後、近くの厚生年金会館でコンサートがあったので、差し入れを持って楽屋にお礼に行きました。

MALTAの名前の由来

MALTAさんはTVでの露出も多かったのでジャズファン以外にもよく知られていますが、あの変わった芸名には私がちょっと関係しています。

彼は東京藝術大学卒業後、バークリー音楽院に留学し、同音楽院卒業後はそのままアメリカのジャズシーンで活動を開始。ライオネル・ハンプトン・オーケストラのコンサートマスター兼リード・アルト・サックス奏者として活躍します。さらには、このバンドで来日し「オーレックス・ジャズ・フェスティバル」で錦を飾りました。

アメリカでトップミュージシャンとしての地位を確立し、一九八二年に帰国。私もすでに丸田良昭（MALTAさんの本名）の名前は知っていました。「J」には、帰国直後から中村誠一（ts）カルテットのゲストとして毎回登場し、その後は自己のグループで毎月出演。グループ名は「ヨシ・マルタ・カルテット」。さすが本場で鍛えただけあって、ブライトなトーンでバリバリ吹きまくり、そこに楽しいパフォーマンスも加わって、観るものをうならせていました。その後彼は、日本ではオーソドックスなジャズ演奏だけでは発展性がないと考え、まずはメジャーになることを目標にします。そこで名前についての相談を受けたのです。

〝ヨシ・マルタ〟ではどうも印象が薄い。ちょうどわが社の取締役宣伝部長が〝タモリ〟で超売り出し中。私が「貴男もシンプルに〝MALTA〟にしたら？」と提案したのです。程なく、彼は誰にも親しみやすい音楽（フュージョン）で魅せる聴かせるという路線に方向転換し、MALTAの名でビクターからアルバムをリリース、あっという間にメジャーシーンに躍り出ました。近年は、母校の東京藝術大学の客員教授として後進の指導にあたるほか、同大のOBを中心にしたビッグバンドでも活動をしています。

というわけで、MALTAの名付け親はなんとバードマン幸田なのであります（余談ですが彼の結婚披露宴の司会もさせていただきました）。

ミュージシャン以外にも……

ミュージシャン以外にもたくさんの著名人が「J」に来てくれました。

落語家の古今亭志ん朝さんは、林家うん平さんの真打ち披露公演の流れで、林家こん平さんや鈴々舎馬風さん、漫才の林家ライス・カレー子さんたちと来店。私が志ん朝さんに「昔、ドラムを叩いていらっしゃいましたよね」と尋ねると、「よくそんなこと知っていますね。それでは一曲やってみましょうか」とセッションに参加してくださった。昭和三十年代のテレビ番組で彼がドラムを叩いているのを見たことがあったのです。セッションでは、志ん朝さんのドラムに合わせて、私がピアノを弾きました。落語家では無名時代の林家たい平さんが「J」のライヴで、小咄に加え何度かジャズを歌ったこともあります。

また、筑紫哲也さんもよく来店されました。本当にさわやかでかっこいい方でした。筑紫さんは早大の後輩たちが「J」をやっているということもあってか、いろいろな雑誌に『J』はニューヨークのライヴハウスの雰囲気を持っている」と紹介してくれました。

「J」のスタッフが一番驚いたのは、筑紫さんが松田優作さんを連れて来たときです。女性スタッフたちがいっせいに「ギャー！　松田優作だー！」と叫んだのは忘れられません。ほんものの松田優作は実にカッコよかった！

たこ八郎の思い出

タレントで最も思い出深いのは、たこ八郎です。彼は、知る人ぞ知る、元ボクシング・フライ級チャンピオン。「J」に来始めた頃はすでに引退し、タレントとして仕事をしていました。その頃は、赤塚不二夫さんをはじめ、いろいろな人の家に居候状態でした。一時期は、「J」にも週に三～四回は来てくれて、とても親しくしていました。ノの字になっていた前髪と切れた耳がトレードマーク、「たこでーす！」の決まり文句で、一時は『笑っていいとも』のレギュラーをはじめ、いろいろなバラエティ番組やCM、映画と多くのメディアでひっぱり〝だこ〟でした。

ボクサー時代の彼は打たれ強いことで有名でした。ほぼノーガードで相手に打たせて、相手が疲れ切ったところを逆襲して倒すという、現在ではありえないファイティング・スタイルで観る人を熱狂させた伝説的なボクサーだったのです。リングネームは本名の斎藤清作。〝河童の清作〟というニックネームでも知られていました。ファイティング原田とほぼ同期で、日本フライ級チャンピオンにまで上り詰めたのですから、それは大変な実力者でした。

一方、タレントとして一般的に知られているたこ八郎といえば、のろのろとした動作とたどたどしく話すあのイメージ。本人いわく「ボクシング時代に山ほど浴びたパンチが今頃効いてきちゃったんだよな〜」。数々の壮絶な戦いで蓄積されたダメージによる、いわゆるパンチドランカーだったのでしょう。出演したCMのギャラをもらい損ねたこともあったようですし、よく失禁もしていましたが、誰からも愛される、けがれのない赤ちゃんのような人でした。

朝起きてから食事もせず、ずーっと飲んでいると、彼はいつも言っていました。あるとき、お酒を飲んだあと、二人でタクシーに乗って帰ったのですが、途中で「劇団の先輩の家に泊まる」と言うので、大通りで降ろしたんです。そうしたら、車がびゅんびゅん走っているその大通りを平気で横切ろうとするではありませんか。思わず「たこちゃん！ 大丈夫？」って呼びかけたら、「車のほうが避けるから、だいじょうぶー！」。危なっかしいったらありゃしない。

あるとき、いつもお酒ばかり飲んでいるから、「ご飯食べに行こう」と寿司屋に連れて行ったのです。そうしたら、われわれの期待どおりにちゃんとタコを食べて、周りのお客さんは大爆笑。「J」に来ると、いつもお酒を飲むとすぐソファーに横になって寝入ってしまうのですが、ときどきヌーッと起き上がって「今の演奏はよかった〜！」と叫ぶ。本当に聴いていたかどうかはわかりません。面白いエピソードに事欠かない、愛すべきたこちゃんでした。

「今朝、たこちゃんが真鶴の海で水死しました」

『笑っていいとも』で、タモリがアナウンスしたのが、一九八五年の七月。

実はその前の晩、「今から友達と真鶴の海に行くのでお湯割り一杯だけ飲ませて」と十二時過ぎにひょっこり「J」に現れていたのです。出発するときには「J」のスタッフ一同で「気をつけてね〜！」と見送っていたので、真鶴に行く前に最後に立ち寄った場所が「J」。あとから考えれば、なんだかお別れを言いに来たみたいで……。

真鶴から無言のたこちゃんが帰ってきてのお通夜。たくさんの人が集まりました。女優のあき竹城さんはわんわん泣きじゃくっていました。通夜が終わったあと、山本晋也さんや高平哲郎さんが「J」に来て、たこちゃんの想い出話に花を咲かせていました。翌日の葬儀も大変な数の人たちが訪れ、TV中継もされました。お墓は台東区下谷の法昌寺。ここのご住職は絶叫詩人としても有名な福島泰樹さんです（彼は早大の先輩でもあります）。一周忌、三回忌とも、このお寺で行われました。そして十三回忌のときには、本堂の前に「たこ地蔵」が建てられました。そのお腹のあたりには「めいわくかけて　ありがとう　たこ八郎」と刻まれています。たこちゃんはお地蔵さんになりました。

そういえば、たこちゃんが亡くなって少し経ってから、ファイティング原田さんが「J」に来られるようになったのですが、最初に来られたときに「たこちゃんが真鶴に行く前、『J』

で飲んでから出発したんですよ」とお伝えしたのです。そうしたら、原田さんが「実は、たこちゃんが『J』に行く前に、恵比寿で一緒に飲んでいたんだよ」と。驚きました。

色川武大＝阿佐田哲也は趣味が深い

直木賞作家の色川武大さんは、どなたかの紹介で「J」に来たのではなく、いつのまにか現れて、いつのまにか常連になっていました。色川さんは根っからのジャズファンで、以前から都内各所のライヴハウスに通っていたのです。「J」では、お会計を済ませて帰る段になると、私に「タモリによろしく言っといてね」と必ずおっしゃっていました。風貌はとても怖いのですが、実際にお会いすると、とても物静かな方でした。色川さんは伝説のプロ雀士「阿佐田哲也」の別名でも知られています。このペンネームでも多くの小説を残されました。映画にもなった『麻雀放浪記』（監督はイラストレーターの和田誠さん）はご存じの方も多いと思います。このペンネームは〝朝だ！徹夜だ！〟からきたものだとか。徹夜マージャン（略して徹マン）明けの一言ですね。

色川武大さんは、岩手県一関市の超有名ジャズ喫茶「ベイシー」のマスター菅原正二（私の大学時代の同期）と意気投合して、晩年に東京から一関に居を移しています。当時「直木賞作家が『ベイシー』のある一関へ引っ越した」と話題になりました。ところが、残念なことに、引っ越してすぐに色川さんは病気で亡くなられてしまった。

葬儀は、信濃町の千日谷会堂で営まれました。会場には色川さんが愛したジャズが流れている……。葬儀が終わって少ししてから、「J」で親しい人たちが集まって偲ぶ会が催されました。発起人は前述の菅原正二。奥様も来てくださいました。私はこのとき初めて、あのマルセ太郎さんの鬼気迫る一人芝居を見ました。マルセさんもすでに亡くなられています。時の経つのは早いものです。

さて、色川武大＝阿佐田哲也さんにはお仕事でもお世話になりました。もちろん演奏ではありません。

あるとき、「J」の常連さんで「コスモスコンピューター」の重役だった南星輝さんからちょっと変わった依頼をされました。私に「ユニークな雀士を十人選んで欲しい」というのです。その選んだ人たちの麻雀の打ち方のクセや強さをデータ入力するというお仕事でした。彼が制作していたのは「麻雀〈最強〉武蔵　有名人データ集 Vol.1」というパソコン用のゲームソフトだったのです。

面白そうなのでお引き受けして、真っ先に頭に思い浮かんだのが阿佐田哲也さんでした。事情をお話ししてお願いをしたところ、快く引き受けてくださいました。早速データ入力のため成城のお宅へお邪魔すると、応接室に通されたのですが、ご本人がなかなか現れない。有名な話ですが、阿佐田さんはナルコレプシーという難病に罹っておられたのです。突然強い眠気と脱力発作が起こって眠ってしまう病です。その日は運がよかったのか、一時間くらい待ったところで、奥の間から御本人が現れました。何事もなかったようにパソコンに向かって淡々と入力作業を開始、そして無事終了すると、帰り際に阿佐田さん自ら編集したカセットテープをお土産にくださいました。スイングからモダンにかかるくらいの時期の珍しいジャズ演奏がたくさん入っていて、聴いてみるとどれもいい曲ばかり。本当に造詣の深い方でした。

「有名人データ集 Vol.1」では、他に赤塚不二夫さんや、SF作家の豊田有恒さん、『スケバン刑事』の監督・前島守男さん、水森亜土さん、マーサ三宅さん、その次女のチカさん、落語家の金原亭駒平さん（現在は世之介さん）などの方々にご協力いただきましたが、私も雀士の一人に加えていただいたので、バードマン幸田の怪しい麻雀の手もデータに入っているんです。われながらスゴイ人選で、このソフトがヒットしてたくさん売れたら印税生活も……と思っていたのですが、まだパソコンが今ほど普及していない時代だったこともあり、何千本か売れただけで、幻の作品としてお蔵入り。もう少しあとで発売されていたら……と悔やむことしきりの今日この頃、というわけです。

新宿タイガーの正体

花園神社や新田裏（日清食品の本社がある）附近を通りかかると、自転車に新聞をいっぱい乗せ、ラジカセを鳴らしながら、ド派手な衣装を身にまとい、しかもタイガーマスクのお面をかぶった不思議な人物が疾走するのに何度も遭遇しました。いったいこの人はどういう人だろう。素顔はどんな顔なんだろう。目撃するたびにいろいろと想像を膨らませました。彼が二十年以上新聞配達をしている新宿では誰もが知っている超有名人「新宿タイガー」ということだけは知っていました。

それがある日、満艦飾のコスチュームに、あのお面、正真正銘、本物の「新宿タイガー」が、「Ｊ」のドアを開けて入ってきたのです。私も「Ｊ」のお客様もみなビックリ。新しく「Ｊ」に入った女性スタッフと知り合いだったのです。身につけているたくさんの飾りものを外して、ソファーに座ったのですが、飾りものを外した下の衣装も派手を通り越していました。そして注文した生ビールが届くと、ついにあの黄色いマスクを外したのです。

ジャーン!! 「新宿タイガー」の素顔は、なんとも穏やかな、少し丸みのある優しいお顔ではないか。それ以来「Ｊ」の常連さんとして通ってくれました。歌の上手な美人シンガーがお気に入りのようでした。さらに、「Ｊ」で出会った歌手の追っかけまでしていたようです。

本名、原田吉郎。長野県出身で、年齢は私の一つか二つ下。

黄色のタイガーマスクは神社の夏祭りで買ったという。とてもお喋り好きで、映画への造詣が深く、話し出したら止まらない。きっとこれまでいろいろな人に奇人変人扱いされたに違いない。にもかかわらず四半世紀の間、この姿で新聞配達を貫き通したのだからスゴイ。

二〇〇〇年の朝日新聞に「新宿の詩　〝タイガーが走る街〟」と題された連載が載りました（二〇一五年にも続編の連載がありました）。〝彼は時代とともに変わっていく新宿の姿を、タイガーの目を通して見続けてきた……〟。その後「タワーレコード」のイメージキャラクターになったり、また情報誌等にも新宿の有名人としてたびたび登場、さらには韓国のテレビ局の取材も受けたようです。近所の子どもたちにもとても人気があって「タイガーに配達や集金をして欲しい」と、新聞を購読する家が増えたとか。

街角で出くわすといつも「幸チャン、コーヒーでも飲もう、ご馳走するよ」とお茶に誘ってくれる。不思議な人と友達になれたものだ。タイガーマスクの黄色いお面をつけ、ド派手な衣装を翻して、今日もタイガーは新宿の街を走り続ける。

ジャーナリスト、作家、経済界の方々まで

先に、私がもともとマスコミ志望だったことを書きましたが、学生時代からジャナ研（ジャーナリスト研究会）にも多くの友人がいて、マスコミ関係で活躍している人物がたくさんいます。同期では「サンデー毎日」の編集長だった福永平和氏、「日刊ゲンダイ」の社長を長く務めた下桐治氏、同じクラスだった毎日新聞記者の小畑和彦氏、元読売新聞記者でジャーナリストの大谷昭宏氏、そして二期先輩で『朝まで生テレビ』などによく出演していた雑誌「インサイダー」の高野孟氏。高野先輩は早稲田の高等学院の頃からブラスバンドでサックスを吹いており、大学時代はバンドでずいぶんアルバイトをされたとのことです。

もう一人、同期には異色の人物がいます。グリコ・森永事件の〝キツネ目の男に似ている〟と、最後まで犯人と疑われた宮崎学氏。一九九六年、自伝『突破者』で衝撃的な作家デビューを果

たし、その後も次々と話題作を発表、テレビやラジオでコメンテーターとしても活躍しています。彼は出版記念の集まりの二次会には必ず「J」を利用してくれました。この二次会にやって来る人物がまたスゴイ。『ナニワ金融道』の作者でマルクス主義の旗を最後まで降ろさなかった青木雄二氏、映画監督の若松孝二氏、などなど。

作家では嵐山光三郎さん、UFO研究家の第一人者で著作も多い矢追純一さん、官能小説の川上宗薫さん（「J」を舞台に連載小説を書いてくださった）、ハードボイルド小説の大沢在昌さん、SM小説の団鬼六さん、萩原葉子さん（お父さんは萩原朔太郎）、中平マミさん（父は映画監督の中平康）、景山民夫さん（彼は飛び入りでスタンダードを歌ってくれたこともあった）と多彩な方々にお越しいただきました。

また、漫画家の弘兼憲史さん（早大の二期後輩）もよく来ていただきました。もう一人、写真家の荒木経惟さんは「J」のステージで言葉巧みに女優さんの衣服を脱がせ、バンドを背景にパチリ、パチリ。深夜の出来事でしたが、掲載された雑誌を見ると、なんと私がドラマーで写っていました。この他にも永六輔氏、野坂昭如氏、星新一氏、豊田有恒氏、新井素子氏、内田春菊氏（歌手として「J」に何度も出演）が「J」を訪れてくれました。

さすがに経済界の方は少ないのですが、日本マクドナルドの創業者・藤田田氏に二代目社長の原田泳幸氏、ポーラグループの総帥・鈴木郷史氏（彼は早大の理工OBで最初はホンダに勤務、その頃よく「J」に通ってくれ、ポーラに移ってからも「J」のイベントの協賛などでお世話になっている）、そしてYKKの副社長を経てユニクロの海外事業で活躍された井上輝男氏は、ダンモ研の一期先輩で、さまざまなかたちで「J」を応援してくださっています。

お店に来てくださった方々の顔を思い出すと、本当に数多くの縁で「J」はやってこれたのだなとあらためて感慨もひとしおの今日この頃です。

最後に私のニックネームについて……

私が〝バードマン〟と呼ばれはじめたのは「J」を始めてからのこと。

モダンジャズの生みの親、アルト・サックスのチャーリー・パーカーの愛称が〝バード〟というのは多くの方がご存じだと思います。私も同じアルト・サックスを吹くので、それで〝バードマン〟というのか、とよく質問を受けるのですが、実はまったく別の理由からなのです。

一九八二年の夏、SF作家の豊田有恒夫妻の主催でタイ旅行に連れて行っていただきました。豊田さんのご家族や同じSF作家の石津嵐さんのご家族、サックスの坂田明さんの奥さんと息子さんなど、総勢二十名での旅行です。私も「J」を休んで家族で参加しました。パタヤビーチ、ローズガーデン&バンコクと、とても楽しい旅でした。

その旅行中に、豊田有恒さんの長女、有子《ゆうこ》ちゃん（当時小学校五年か六年生）の誕生日会があり、ホテルのレストランで〝ハッピー・バースデイ！〟の会食があったのです。佳境に入ったところで、みんなで輪になって踊ろうということになり、私が先頭になって、レストランの中をぐるぐる回り出しました。実は私、鳥の真似（パフォーマンス）が得意。すなわち、右手首をアゴの前に嘴のように突き出して、首をアヒルのように前後させながら歩いたわけです（ちなみにこの鳥の真似は、大阪の御堂筋でも、店の前の靖国通りでも敢行したことのあるパフォーマンス）。誕生日を迎えた有子ちゃん、先頭の鳥真似人間の私を指して「バードマン！」と叫んだ。なんでもTVアニメ『パーマン』に出ているバードマンというキャラクターに似ているという。このとき以来、私のニックネームは〝バードマン〟となりました。

店名の「J」はJAZZからとったわけではないし、バードマンもチャーリー・パーカーにあやかったものではないという、まことにもってジャズらしくない（いや、むしろジャズらしいのか？）名前の由来でした。

対 談

ダンモ研に鑑賞部があった時代

バードマン幸田

×

岡崎正通

演奏部と鑑賞部

岡崎　僕らが在籍していた当時の早稲田大学モダンジャズ研究会（通称ダンモ研）には、演奏部と鑑賞部という二つの部がありました。もちろん早稲田以外の大学にも、ジャズ好きな連中が集まってレコードを聴く同好会と、実際にジャズを演奏するクラブというのがあったんだけど、その二つが一緒になって活動しているのは珍しかったと思う。

幸田　そう言われてみると、同じクラブに同居していたというのは聞いたことがないね。たしかに今思えばそうだけど、そういうもんかと思っていた（笑）。

岡崎　僕も当時はそう思っていた。僕らは「モダンジャズ研究会」と称していたわけじゃないですか。そもそも「研究会」っていう名前も、今考えたら少し変じゃない？

幸田　たしかに違和感があった。なにをどう研究するのかと（笑）。

岡崎　楽器が上手くなりたいと思うのは当然だけど、それに研究という言葉はふさわしくないね（笑）。もう一方の、僕ら鑑賞部のほうも、マイルス・デイビスのスケールを研究して……ということをやっているわけではないから、いったいなにを研究するのかなと。このことをある先輩に聞いたんですよ。いわく、もともとジャズを演奏したいというところからクラブをスタートさせたんだけど、最初は大学に公認してもらえなかったと。

幸田　正式なサークルとして認めてもらえなかったということだね。

岡崎　そう。正式なサークルとして認められなければ、練習場所も確保できないし、稲門会（全国各地の早大OBの組織）に声をかけてもらって仕事をすることもできない。

幸田　早稲田祭のステージに上がることもできないね。

岡崎　つまりサークルとしてちゃんとした活動ができない。そこで先輩方が考えたのは、「われわれは真剣にジャズを研究するサークルなんです。ちゃらちゃら遊んでいるんじゃないんです」とアピールすることだと。それで「研究会」という名前をつけたということなんですね。

幸田　そうか。それは初めて聞いたかな。在籍する人数を割り増しするためにそうした、というようなことはうっすら聞いたことがあったけど。

岡崎　それもあったみたい。先輩の奥村禎秀さんの文章によると「公認バンドに昇格する為には、多くの部員数の確保が要求された」とあるから。いずれにせよ、「研究会」とすることが重要だったんだね。ダンモ研の会誌「CONTOUR（コントゥアー）」の表紙にあった英文表記は「Waseda Univ. Modern Jazz Research Circle」。なんといっても「Research」だからね（笑）。

幸田　演奏部と鑑賞部が一緒になって「研究会」と称しているジャズサークルというのはたしかに珍しいね。

岡崎　「研究会」の名称がつく経緯については、ダンモ研の創立五〇周年記念コンサートのパンフレットにこう書いてあります。「公認バンドになるには活動実態と活動規模を示さなければばならなかったため、大学への申請書には、『モダンジャズをより良く理解するために鑑賞部を設け、演奏はもとより、広くモダンジャズを研究する。』と書いた」。先輩たちの苦肉の策だったということだね。

ジャズが社会にコミットしていた時代

岡崎 音楽は、演奏する人がいて、聴く人がいる。その両方がいないと成立しないよね。そのうち、ただ黙って聴いてるだけじゃ飽き足らず、ものを言うやつが出てきて、そこから論戦が始まったりする（笑）。当時の学生たちの間ではよくあることだったけど、そんなところから発展して鑑賞部ができたんだろうと思います。ただ、僕の記憶では、ダンモ研の鑑賞部には独特の雰囲気があった。演奏部と一緒に合宿に行ってもまったく違和感がなかったというか。

幸田 たしかにそうだったね。だけど、演奏部の発表会となると、鑑賞部の人たちが最前列にドーンと陣取って、演奏が終わると批評をするという感じだったよ。それは覚えている？

岡崎 合宿ではなくて？

幸田 いや、大隈小講堂で日ごろの成果を発表する演奏会のときかな。わりと厳しい批評をもらった覚えがありますよ。

岡崎 まあ、時代もあったと思う。僕らは一九六四年の入学で、六八年の卒業ですよね。その時代のジャズは、ただ好きで聴いていればいい音楽というよりも、社会に強くコミットしていた音楽だった。あの時代の空気をひとことで言うのは難しくて、それだけでも一冊の本になるけれど。

僕らが大学にいた六〇年代の半ば頃というのは、日本のジャズがいろいろな意味で活性化していった時代。ジャズの本場であるアメリカでは公民権運動が活発だったし、日本でも六〇年安保闘争以降、学生が政治にコミットする空気があった。結局、鑑賞部は七〇年代の初め頃にはなくなって演奏部だけになってしまうんだけど、それはある意味、その頃には鑑賞部の役割が終わったと言えるのかもしれない。あの時代ならではの空気感があったからこそ、同じサークルに鑑賞部と演奏部が共存したと感じているんですよ。

幸田　学費値上げ闘争もあったね。僕も当時、ちょうどクラス委員をやっていたこともあって、思想信条というよりも「これから後輩が入ってくるときに学費が値上げになってはいかん」という理由だけで、運動に参加した。それで学校に機動隊が入るのを阻止しようと、クラスごとで人間バリケードを築いたんだ。だけど、実際機動隊が来たら、みんな逃げちゃうんだよね（笑）。捕まったら、就職に支障をきたすわけだから。たしかに、僕らの学生時代は、世の中になんともいえない緊迫感が漂っていた時代だった。

岡崎　それは新宿フォークゲリラもそうだし、ベトナム戦争が終わるくらいまではずっと続いていた空気感だったね。ジャズでいうと六〇年代は、オーネット・コールマン、エリック・ドルフィー、ジョン・コルトレーン、アルバート・アイラー、アーチー・シェップなど、ものすごく過激な音楽、すなわちフリージャズがリアルタイムで現われた時代だった。鑑賞部ではこういうリアルタイムの潮流についてよく話したんだけど、演奏部はそうでもなかったよね。われわれは日本人で、彼ら黒人がアメリカで置かれている社会状況とはまるで違う環境で生きているわけだから、日本のミュージシャンが黒人たちの置かれた環境に反応するというのは、たしかに難しい。だけど、ジャズではそのような潮流がリアルタイムで起きていたことも事実。その中で演奏部はその流れにはあまり影響を受けなかったというところに、鑑賞部の存在意義があったような気がするわけだね。

幸田　なるほど。当時はプロのミュージシャンを含め、みんなコルトレーン一辺倒になっていたけど、おっしゃるようにフリージャズにいく前のコルトレーンだったね。

岡崎　五〇年代のコルトレーンだよね。

幸田　そう。僕らはフリージャズにはついていけなかった、と言うとおかしいけど……。やはり、アート・ブレイキーやホレス・シルヴァーがスタートだったからかな。僕はその時代だと、マイルス・デイビスのグループにハービー・ハンコックたちが入ったあたり（『ESP』など）、あの時期のマイルスにはそうとう影響を受けたけどね。

岡崎　当時は僕らもそんなにレコードを買えるわけでもないし、情報も今みたいにたくさんあったわけじゃないから、もっぱらジャズ喫茶で聴いていたわけだけど、たしかにマイルスやブレイキーがよく流れていた。だけど、それと同じくらいか、もしかすると多い割合で、アーチー・シェップやオーネット・コールマンもかかっていた。そういう音楽に鑑賞部は反応していたんだね。つまり、演奏部と鑑賞部とで、音楽に向き合うスタンスが微妙に違うところがあった。だからこそ、同じダンモ研でうまくやっていけたんだと思うんだよね。

幸田　なるほど、向き合い方が違っていたからこそ、仲良くというか、うまくやれたと。それはあったかもしれないね。

岡崎　演奏部と鑑賞部がジャズの話をして喧嘩になるようなことがなかったというのは、お互いに距離感があったからかもしれない（笑）。われわれがアーチー・シェップがどうしたって言ったって、演奏するほうはまったく相手にしないよね。ただ、当時の「スイングジャーナル」みたいな雑誌では、フリージャズもけっこう取り上げられていた。

「スイングジャーナル」と「ジャズライフ」

幸田　「スイングジャーナル」は、ほとんど唯一の情報源だったよね。「スイングジャーナル」のほかにはなにかあった？　あなたはたくさん知識を持っていたから、ほかにも情報源があるのかと思っていたけど。

岡崎　同好会が作った小冊子みたいなものはけっこうあったけどね。一般の書店に流通しているものはなかったよ。もちろん「ミュージックライフ」とかポピュラー音楽の雑誌はあったから、そこでジャズを取り上げるということはあったけど、ジャズの専門誌となると「スイングジャーナル」だけだった。

幸田　ジャズの新譜を知るのもそれしかなかったよね。

岡崎　「スイングジャーナル」の初代社長の加藤さんは凄腕でしたね。同業誌が出ることを嫌っていて、唯一の専門誌としてのバリューを上げるという戦略だね。だから競合誌は、なかなか出てこられなかった。そのことに功罪はあると思うけど、経営者という観点でみれば優れた方だったと思う。そんな状況にあって、まさに間隙を縫うかのように「スイングジャーナル」よりもミュージシャンやプレイヤー寄りの雑誌「ジャズライフ」を、演奏部で豪快なテナーを吹いていた内藤多喜夫君（一九七一年卒）が七七年に創刊して、今日まで営々と続いているというのもすごいことだね。鑑賞部後輩の村田文一君（一九七〇年卒）も編集者の実力を買われて九三年から「スイングジャーナル」編集長になった。このふたつの雑誌のことは、ダンモ研史の中でも記憶されるべきものだね。プレイヤーの立場に立った内藤君の視点は秀逸だし、村田君は雑誌編集の基本をしっかり押さえていて、その上でジャズに向き合うセンスも抜群だった。

六〇年代の来日コンサート

岡崎　僕らが高校生、大学生だった頃は、ちょうどジャズが一番濃かった時期だったと思うけれど、それは来日コンサートを調べるとよくわかる。この時期に、今でいうジャズのレジェンドたちが続々と初来日しているんです。一九六〇年までは来日コンサート自体があまりなかった。もちろん五三年のＪＡＴＰ（ジャズ・アット・ザ・フィルハーモニック）はすごかったし、その後もベニー・グッドマンやルイ・アームストロングなどは来日しているんだけど、それほど多くなかった。それもモダンジャズではなくて、スイングとかデキシーが中心。
幸田　ペレス・プラード楽団とかね。
岡崎　そう。ところが一九六一年のアート・ブレイキーの初来日を皮切りに、来日リストを見ると、ＭＪＱ（六一年）、ホレス・シルヴァー（六二年）、セロニアス・モンク（六三年）、カウント・ベイシー（六三年）、キャノンボール・アダレイ（六三年）、ソニー・ロリンズ（六三年）、アニタ・オデイ（六三年）、マックス・ローチ（六四年）、デイヴ・ブルーベック（六四年）、デューク・エリントン（六四年）、マイルス・デイビス（六四年）、チコ・ハミルトン（六四年）、ハービー・マン（六四年）、スタン・ゲッツ（六五年）……これだけのアーティストが六一年から六五年くらいの間に自分のバンドで初来日をしている。
幸田　その四、五年の間にせきを切ったように日本に来たんだね。今振り返ってみるとすごいメンバーだ。
岡崎　それで六六年にはジョン・コルトレーン、六七年にはオーネット・コールマン、六八年にはサドメル（サド・ジョーンズ＆メル・ルイス・ジャズ・オーケストラ）。高度成長期という当時の日本の状況もあると思うけど、すごい時代だったんだね。コンサート会場で多かったのは、東京でいうとサンケイ・ホールだったかな。
幸田　おそらく一番多かったと思う。アート・ブレイキーの初来日もサンケイ・ホールだった。
岡崎　なんといっても、六一年のブレイキーでショックを受けましたね。
幸田　六一年のときに行ってるんだ！　中学三年か。二回目の来日は、僕が高校二年のときだった。しかし、ほんものを目の前で聴いたら驚くよね。

岡崎　サンケイ・ホールは来日コンサートのメッカだった。ソニー・ロリンズの初来日コンサートは厚生年金だったと思う。マイルスも厚生年金だったね。ローランド・カークのただ一回の来日（六四年）はヴィデオ・ホールだった。

幸田　そういえば、増尾好秋と日比谷公会堂にハービー・マンを聴きに行ったことがあったな。いずれにせよ、当時のコンサート会場で主だったところは二つか三つくらいだったよね。

岡崎　まだ郵便貯金ホールもなかった。とにかくこの第一期モダン・ジャズブームといえる時期にわれわれは学生時代を過ごしていたことになるんだね。

タモリは演奏部で初めての司会だった

岡崎　ところで、当時のダンモ研の話に戻るけど、演奏部のコンサートでは、司会は必ず鑑賞部から出していたよね。

幸田　演奏旅行や早稲田祭とかで司会をやってもらいましたね。だから、タモリは演奏部で初めての司会だったのね。それまでは鑑賞部の人がやっていたわけだから。われわれの先輩でいえば奥村禎秀さん、同期では武冨学がＴＢＳ大学対抗バンド合戦で司会をやってくれました。

岡崎　あと、僕が覚えているのは、年に一回のリサイタルを虎ノ門久保講堂でやったじゃないですか？　僕が三年のときだったと思うけど、そのリサイタルの裏方を任されたことがありました。

幸田　そんなことがあったの？

岡崎　各学年のバンドが出演して、最後にゲストとして渡辺貞夫カルテットが登場した。ドラムは富樫雅彦さんだったかな。そのときの進行をやれって言われたの。

幸田　それじゃ、全体の構成もやったんだ。

岡崎　構成というほどではないけど、全体の仕切りだね。この経験は勉強になりました。各バンドが言ってくるとおりにやると、時間をオーバーしちゃうんだよ。セットチェンジにも時間がかかるからね。塵も積もればじゃないけど、トータルで三十分くらいオーバーするとホールから延長料金を取られてしまうので、それは絶対ダメだと、同期の瓜坂正臣から言われた。時間を守るには演奏と演奏の間のインターバルを巻くしかない。そこで、セットチェンジに十分かかるところを、三分でやることになった。そのための練習をしたんだよ。

幸田　練習ってどこでやったの？　全然知らなかったな。

岡崎　当日の会場でリハのときにセットチェンジだけの練習をした。僕が瓜坂に「セットチェンジを三分にしないとダメだ」と言ったら、瓜坂がみんなに「やれ！」ってどなりつけるわけ（笑）。それで頑張って練習したんだけど、どうしても五分くらいかかってしまう。二〜三回練習してようやく三分でできるようになったけど、そんな練習をする機会はめったにないね（笑）。

幸田　へえー、たしかに面白い経験だね。

岡崎　勉強になりましたよ。どういうふうにステージの山台を動かせばいいかとかね。舞台転換の仕方をいろいろと覚えました。あと、当日の出演者やゲストに弁当を用意しなければならなかったのね。だけど、僕も素人だったからそんなことは考えもしなくて、まったく用意してなかった。当日になって気がついたんだよ。

幸田　それは貞夫さんのグループの分も？

岡崎　そう。それで大変だ！となって、慌てて出前をとった（笑）。

幸田　出前とったの？（笑）　そうか本番前だからね。かつ丼でもとったの？

岡崎　たしか、天丼だったと思う（笑）。鑑賞部ではそういうこともやっていたんだよ。思い出した、四つで千五百円くらいだった（笑）。

幸田　よく覚えているね（笑）。

岡崎　当時はお金がなかったから。

幸田　それにしても、学生のリサイタルに渡辺貞夫さんがゲストで出るというのは、当時だってなかなかないことだった。もちろん、その前の年に早稲田祭に来てくれていたということはあったんだけど。

岡崎　早稲田祭への出演はどうやって交渉したんだっけ？　幸田さんがやったんだよね？

幸田　そうなんだよね。まだ貞夫さんがバークレーから帰ってきたばかりのときに電話して。早稲田祭のときも安いギャラで来ていただいたけど、リサイタルのときも良心的な値段で出ていただいたんだよね。

「ジャズは死んだのか？」

幸田　さっきも少し話が出たけど、鑑賞部が中心になって出していた冊子があったね。

岡崎　「CONTOUR」だね。「われわれはなぜジャズを聴くのか？」って言う人がよくいた（笑）。まあ、それだけ、当時のジャズが研究に値するものだったということでしょう。もう少し時代が下ると、「ジャズは死んだのか？」という声も聞かれるようになった。

幸田　もう死んだと言われてからずいぶん経つね（笑）。

岡崎　死んでから半世紀だ。それでもまだしぶとく生き残っている。

幸田　細いながらも、ジャズはよく脈々と続いているよね。

岡崎　「ジャズは死んだのか？」ということを考察するとね（笑）、たしかに七〇年代にジャズが多様化して、いろいろなジャンルと融合する流れができていった。その時点で「ジャズは死んだのか？」って言っていた人にとっては、フュージョンとかそれ以降のものはジャズではないということなんだろうね。

幸田　だけど、僕なんかは基本的には「ジャズは死んだ」という思いもどこかであるかな。

岡崎　僕はそうは思ってないのよ。……まあ、死人のようなジャズはけっこうあるけど（笑）。

幸田　今は若い人でもジャズを演奏する人が増えているんだけど、みんなビバップをやるんだよね。やはり一周回って、そこに帰結しちゃうのかね。それをまた上手にやるんだよ。

岡崎　むしろビバップがかっこいいとなっているんだろうね。でも、今の若い人たちがやるビバップと、当時のそれはちょっと違うじゃないですか。どっちがいい悪いではなくて。今の人たちはジャズの演奏スタイルを古い新しいという物差しで捉えていないということなんじゃないかな。たとえば、プリザヴェーション・ホール・ジャズ・バンドは音楽のスタイルからいえば、一九〇〇～二〇年代に発祥した音楽のスタイルをやっているわけですが、音の響きはものすごく新しい。

幸田　それは不思議なことだよね。大きく革新的なことをやっているわけではないのに。

岡崎　やはり生きている時代の空気感が違っていることで、同じようなことをやっていても違いが出てくるんだね。

コルトレーンへのインタビュー

幸田　ダンモ研鑑賞部の一番のトピックスといえば、ジョン・コルトレーンへのインタビューじゃないかな。あれは日本のジャズ史に残るよ。

岡崎　そうかなあ。記憶が曖昧なところもあるけど、そのいきさつについて、ちょっとお話しします。コルトレーンが来日したのが一九六六年七月で、そのちょっと前の四月か五月くらいに、鑑賞部の人間が数人、喫茶店「エコー」に集まって話していたんです。そのときに、誰かが「コルトレーンにインタビューできないかな」ってふともらしたんだ。もちろん最初は「そんなこと無理だよ」っていう話だったと思うんだけど、前田文彦君を中心に「交渉してみよう」

という流れになったんだよね。とはいえ、「早稲田のダンモ研です」っていきなり招聘元に連絡して、話を聞いてくれるかな？という不安もあった。そこで、少し前から交流があった慶應義塾大学軽音楽鑑賞会と立教大学モダン・ソウル・ソサエティー、ともにジャズを鑑賞するクラブだけど、彼らとつながりがあったので「コルトレーンのインタビューを一緒にやろう」と声をかけたんです。それで「三大学モダンジャズ鑑賞連盟」という名前で、招聘元にインタビューを申し込むことになった。

幸田　じゃあ、インタビューはその三大学でやったんだ。

岡崎　そう。だから早稲田だけでなく、三大学モダンジャズ鑑賞連盟の主催。実際のところはダンモ研が中心になっていたかもしれないけどね。それで申し込んだら、あっさり「いいですよ」って返事がきたんだよ。それで七月九日、午後二時に芝の東京プリンスホテルのマグノリア・ルームでインタビューすることになった。僕らの前に一般の記者会見をやっていたので、それが終わってから、学生たちの記者会見が始まった。その音源は二〇一一年に発売された『ライヴ・イン・ジャパン』に収録されています。

幸田　へえー。学生たちだけのインタビューというのも面白いね。

岡崎　これは後から聞いた話なんだけど、当時コルトレーンのコンサートはお客の入りがあまりよくなかったらしい。来日が決まったのは、半年前くらいだったと思うけど、そのときの招聘会社が資金繰りに窮してしまった。それで代替わりしたんだけど、ちゃんとしたプロモーションができなかったから、各地の入りが悪かった。そういうこともあって、学生に来てほしいということがあったのかもしれない。コルトレーン側にも「日本では学生を中心とした若者があなたの音楽を聴いている」というような情報は入っていたと思います。

幸田　だけど、その来日の頃でも、ラジオでコルトレーンを聴いたというのはあまり記憶にないね。アート・ブレイキーは多かったけど。

岡崎　それはラジオ側から言うと、「モーニン」とか「危険な関係のブルース」のような三分くらいに縮めたシングル盤がないとかけにくいということもあったと思う。「至上の愛」にはそんなのないからね（笑）。

幸田　ジャズ喫茶ではかかっていたね。

岡崎　日本には独自のジャズ喫茶文化があって、そこから広まったわけだから、ジャズ喫茶の功績は大きいんじゃないかな。

本当の学校は、一にジャズ喫茶、二にダンモ研

岡崎　僕らが連絡場所として使っていた喫茶店の「エコー」はジャズをかけていたわけじゃないよね。いわゆるジャズ喫茶ではどこに行ってました？

幸田　グランドの近くにあった……。

岡崎　「フォー・ビート」。大きなスピーカーが壁にかかっていた。

幸田　そうだ。あの店はよく聴きに行った。

岡崎　あそこは僕らが大学に入ってからできたんだよね。あとは「モズ」。

幸田　「モズ」は伝説の場所だよね。作家の立松和平が入り浸っていたのは有名な話。そういえばみんなアルバイトしていたよね。タモリも手伝っていたり（笑）。あと、僕らの後輩でのちにジャズ評論で活躍した軒口隆策もよくあそこで働いていたね。

幸田　何時間も粘って、リクエストいっぱいして。だけど、有名なジャズ喫茶はどの店でも、喋ってはいけない、寝てもいけない。それは辛かったねえ（笑）。

岡崎　眠いときは眠いからね（笑）。

幸田　夜中も始発までいるとなると眠くてね。当時はオールナイト営業もふつうにあったから。

岡崎　新宿の「ポニー」もオールナイトでやっていたね。ジャズ喫茶ではどういう曲をリクエストしていたの？

幸田　やはりホレス・シルヴァーとかだったかな。マイルスの「マイ・ファニー・バレンタイン」もジャズ喫茶でよく聴いたな。ハンコックとショーターが入った後のマイルスもジャズ喫茶でよく聴いた。

岡崎　やはり、大学時代の本当の学校は、一にジャズ喫茶、二にダンモ研だね（笑）。

幸田　本当にそうだよねえ。僕なんか、それに麻雀も加わっていたから、どうやって授業を受けていたのか（笑）。

岡崎　今もジャズ喫茶はあるけど、昔のような店は少なくなった。

幸田　この間、菅原正二にも言ったんだけど、ベイシーはよく生き延びているなと。ズドーンと大きくて圧倒的な音を聴かせる昔ながらのジャズ喫茶の形態でね。「ベイシー」は今でも全国からファンが来るわけだからすごいことだよ。あの形態は東京ではもうほとんどないもんね。

岡崎　僕らの大学時代には、新宿だけで十軒以上……もっと多かったかな。それに各駅に最低一軒はあったしね。それに店が皆個性的だった。

幸田　高校生のときは入るのに緊張したよ。店に入ってコーヒー飲むだけなのに。このあたり（ニッポン放送周辺）にも昔はたくさんあったよね。

岡崎　有楽町の「ママ」があった。あとは「コンボ」。大橋巨泉さんとか、渡辺貞夫さんや秋吉敏子さん、北村英治さんとかが来ていた伝説のお店だね。昭和二十七、二十八年頃らしい。ともかく当時はジャズを聴くこと自体が大変だったわけで、レコードだって進駐軍の払い下げのものを闇で手に入れて、お店でかけていた。その「コンボ」が有楽町のどこにあったのかということは僕もずっと気になっていて、有楽町に関する本などで調べてみたことはあるんだけど、よくわからなかったんだ。それで少し前に、湯川れい子さんにお会いすることがあったので聞いてみたら、地図を書いてくれて詳細に教えてくれた。有楽町の駅のガードがあって、その向いに交通会館があるんだけど、その間にちょっと細長い二階建ての建物があるんですよ。そこが昔バラックだったんだけど、その中にあったとおっしゃっていました。店内の図面まで書いていただいて。いずれにせよ、今はしっかりジャズを聴かせるジャズ喫茶というのは、ほとんどなくなってしまっているね。

幸田　四谷の「いーぐる」はまだ昼は私語厳禁だったかな。いまはそんなお店はほとんどない。

喋っていい店のほうが圧倒的に多いかな。

岡崎　有楽町の「ママ」で思い出すのは、喋っているやつがいるとマスターが「お静かに」って書いてある紙をそっと出す（笑）。

幸田　ああ、あったね。僕もやられたことがある（笑）。

岡崎　二回くらいまではいいんだけど、それ以上やると退場だった。やはり「ママ」は私語に関しては一番うるさかったかな。

幸田　まあ、昔のジャズ喫茶はどこでも、本当に小さい声で話しても怒られたよ。そうかと思えば、たまにスピーカーの前の席しか空いてなくて、そこに座ったらもうほとんど拷問ということもあった（笑）。

岡崎　いずれにせよ、ジャズ喫茶で音楽を聴くのは、ある意味苦行みたいなもんだった（笑）。でも、楽しい苦行だったかな。当時の僕は鑑賞部で楽器は吹いていなかったけれど、ジャズから教えられたものが、実にたくさんある。というか、すべての仕事のやり方をジャズから学んだといってもいいかもしれない。人と同じことをやってちゃダメなんだとか、なんでもアリなんだとか、ときには枠組みを壊すことも必要なんだとか……（笑）。同じことを学校の先生に言われてもピンと来ないんだけど、ジャズを聴いているとスーッと入ってくる。真面目にダンモ研に感謝しています。

「ナベサダとジャズ」

幸田　あなたは大学を卒業して、ニッポン放送に入ったよね。それで、『ナベサダとジャズ』という番組を担当するわけじゃない。公開録音を聴きに行ったことがあったけど、やっぱり岡崎もかっこいいなと思ったよ。

岡崎　僕は走り回っていただけだよ（笑）。

幸田　当時は録音だったよね？

岡崎　そう。公開で二時間くらいやって音を録っていた。十五分番組だから、一曲ないしは二曲で番組を構成していたの。あれは大変でしたね。ジャズは演奏しているうちに長くなっちゃうから。実際の演奏の長さは、本当は一〇分くらいじゃないといけない。コマーシャルとか入るからね。それが長い演奏になってしまうとカットしなきゃならない。ずいぶん切りましたね。

幸田　あの仕事をしていたのは二十代だよね。

岡崎　そうだね。会社に入ってすぐの頃だったから。実は面接で「君は、ジャズが好きだというがなにができるのかね？」って聞かれた。とっさに「アドリブの編集は任せてください」って答えたんだよ。やったこともないのに（笑）。だから実際にやったら大変だった。しかも最初は「あいつは生意気だ」と思われていたのか、夜中の十二時頃に家に帰ろうとすると、上司がとんでもない量のテープを持ってきて「明日の朝までに編集しておけ！」。今だったら労基法違反ですよ（笑）。それで夜中にやっているでしょ。すると二時頃に、その上司から電話がかかってくる。近所の飲み屋からね（笑）。「おまえ、今から飲みに来い！」。朝までにやれって言った人がだよ（笑）。「今、編集してます」って言うと「なにー！　俺の言うことをきけねえのか！」。行かないと怒られるし、行ったらできないし。毎日そんな感じだったね。それでも嫌いな仕事じゃなかったから、楽しかったなあ。

幸田　体がいくつあっても足りないや。増尾ちゃんが言ってたけど、その番組のときに貞夫さんが新しい曲ばっかりやるもんだから、演奏するほうも本当に大変だったらしいね。

岡崎　公開録音をやるのが水曜日だったんですよ。収録は六時半くらいから始まって、九時過ぎに終わる。本番が終わると、チンさんと増尾は車で帰るんだけど、放送が始まる十時十五分になると、車を停めて二人で放送を聴いていたんだって。それで反省会をしていたと（笑）。

幸田　それが本当に勉強になったって、増尾ちゃんが言ってたよ。

岡崎　あと面白かったのは八〇年代の初め頃、坂田明さんをパーソナリティにした番組を作ったことがあるんです。坂田さんに「公共の電波で遊んでみませんか?」って言ったら、「おっ、いいねっ」と乗ってくれた。毎日夜の一〇時台に一〇分間の放送。あれは番組そのものがフリージャズでした。番組タイトルからして『ほとんど天才!』だからね。全国にネットもしていた。初めから終わりまでハナモゲラ語でわけのわかんない偉そうな演説をやったりした。それも一週間毎日ね。時事ネタをハナモゲラ語で解説するのも面白かった。楽器をスタジオに持ってきて、犬の鳴き声とサックスのコラボレイションなんていうのも週替わりの企画でやった。それだけを毎日一〇分近くやる。社内は上から下まで、ほとんど理解不能。でも一流企業のスポンサーがついちゃっているから止められない。半年経った頃、そのスポンサーの偉い方がみえて〝わが社は、一歩でも二歩でも前向きなことをやるのが好きだが、これは革新的すぎる!!!〟と怒られて番組は終了。あんな番組を作れたのは、ささやかな誇りだね。(笑)

二本吹きは日本で一番やっているかもしれない

岡崎　ところで、幸田さんはサックスで二本吹きをするじゃないですか？　あれはいつ頃からやり始めたの？

幸田　けっこう昔からやっていたよ。

岡崎　学生時代はやってなかったよね？

幸田　学生のときはやっていなかった。もちろんローランド・カークは知っていたけど。「J」を始めてからなんです。石川Qさんというサックス奏者がいて、もう八十歳を超えている大ベテランの方だけど、その人がやったのを目の前で見たんです。あと中村誠一もやっていたね。これはいいなと思って。

岡崎　テナーとソプラノ？

幸田　そのお二方はそう。ハモったりするから面白いなと思ったんですよ。僕はアルトとソプラノでやるんだけどね。

岡崎　アルトとソプラノのほうが難しいよね？

幸田　難しいんだけど、同じ指使いをするとちょうど四度でハモるんだよ。
岡崎　誠一さんは最近やらないね。
幸田　そうだね。だから、ステージでの演奏ということでは、僕が日本で一番やっているかもしれない（笑）。
岡崎　たしかに、世界を見渡しても……あまりいないでしょう（笑）。
幸田　ニューハードのテナーの川村裕司が、アメリカのジャズ・フェスティバルでやはり二本吹きをやって、向こうの人にすごく褒められたって聞いたな。日本人でこんなことをやるやつがいるんだ、って。
岡崎　ローランド・カークが晩年に吹いていた楽器は、ちゃんと片手でできるような造りだったらしいね。
幸田　そうじゃないと、三本なんて同時に吹けないよ（笑）。
岡崎　アルトとソプラノだと、同じ指使いだったとしてもけっこう難しいよね。
幸田　あと、ソプラノは片手で持つからけっこう重いんだよね。
岡崎　二本ともストラップをかけてやればいいじゃない。
幸田　今度からそうしよう（笑）。老齢になってきたから力がね。まあ、ギャーっと吹いてお客さんに受けたときは嬉しいもんだよ。
岡崎　ステージに上がったときは必ずやるの？
幸田　そうだね、吹くときには七〜八割やるかな。

岡崎　そういえば女装で吹いている写真を見たことがあったけど（笑）。

幸田　あれは「J」の何周年かのときに初めてやったんだけど、それを見た大野雄二さんが「何周年でもいいし、あんたの誕生日でもいいから、ずっとやれ。コスプレしたら、俺が伴奏してやるから」って（笑）。

岡崎　八〇年代からやっているとなると、二本吹きのキャリアはけっこう長いね（笑）。

タモリならではの瞬間芸

岡崎　楽器といえば、学生時代にタモリがトランペットを買ったことがあったでしょう。たしかヤマハの楽器だったと思うけど、月賦で買ったんだよね。それで、昔のことだから、毎月ヤマハの人が集金にくる。帳面を持ってきて、払ったら領収書を切ってくれた。当時、タモリは瓜坂のところに居候みたいなかたちでいたと思うんだけど、あるときヤマハの人が集金にきたのね。ところがいつも来る人じゃなかったから、お互い顔を知らなかった。「ごめんください」と来たのでタモリが出たんだけど、そのときちょうどお金がなくて「ヤバい」となったらしい。集金の人が「森田さんいますか？」と聞くので、タモリが「森田？　さっきまでいたなあ。おーい森田！」（笑）。それで部屋に引っ込んだり出てきたりしながら、結局「さっきまでいたんだけどなあ」とか言って、追い返したっていう逸話がある。

幸田　それはすごいね。タモリならではの瞬間芸（笑）。

岡崎　この話は伝説として伝わっているよ。

幸田　タモリはよく友達の家を泊まり歩いていたね。同期の吉田忠興が言ってたけど、「あいつ、家に帰るといつもいるんだよね。しかもすでに風呂に入って、飯も食っているんだよ」（笑）。それでもみんなタモリのことは怒らないんだよね。おかしいよな。

岡崎　ダンモ研のみんなでどこかの店でご飯食べたりしたときに、タモリはいつも、僕らの隣の全然知らない客のテーブルにあるポップコーンとかポテトチップスに手を伸ばしてバレないようにつまんでた（笑）。

幸田　そういう大胆さというか、なんか人を食ったところがあったよね。そんなタモリが『オールナイトニッポン』のメインパーソナリティーで出ることになったのは一九七六年か。まだ三十歳ちょいくらいだったんだね。

岡崎　僕とタモリは年齢は一緒だから、三十一歳だったかな。彼が上京して数週間経ったときに、当時僕が担当していた『高信太郎のオールナイトニッポン』に出てデタラメ中国語を喋りまくったのが最初だね。そのちょっと前に空いていたスタジオで、テスト的に喋りを録った記憶がある。当時のタモリの芸談のようなものなんだけど、たしか「本名は森田一義。戒名は〝ほけいんさんぞうほうし〟（法華院三蔵法師？）と申します」とか例の調子で喋っている（笑）。

幸田　『オールナイトニッポン』に起用するということになったときに、社内では特に問題なかったの？　まだ当時は無名だったわけだから。

岡崎　その頃は大らかな時代でね。やりますよって言えば通った。それに誰もタモリを知らないんだから、なんにも言いようがない。

幸田　へえ。いい時代だったね。

岡崎　実は「オールナイトはおまえに任せる」って上司から言われて、それはそれで僕も悩んだり困ったりしていた頃だった。そんなときにタモリが東京に出てきたんでタイミングもよかったんだと思う。だからタモリさんにも、実は感謝しているんです。

大らかな時代

幸田　「J」を始めるとき、鑑賞部の人たちがみんなでカンパしてくださって、すごく助かりました。それでみなさんに名誉会員ということになっていただき……。

岡崎　ああ、それでいつも「J」からのお知らせの宛名が「名誉会員」なんだ（笑）。

幸田　鑑賞部の方々は名誉会員です。みなさんの温かい支援は本当にありがたかった。

岡崎　しかしよく始めたよね。

幸田　「J」をやるかどうかっていうときには、同期の瓜坂とか高橋とかには「おまえは一番商売に向いてないから、絶対やるな」って言われていたんだよ。よく夜に、飲み屋に呼び出されて、「早まるな」と（笑）。サラリーマンをちゃんとやっていたしね。

岡崎　でも「J」をやってよかったでしょ？

幸田　結果的にここまで続いたからね。まことにありがたいことで。だけど当時は、若気の至り、怖いもの知らず、というところだったかな。ところで「J」を始めて間もないときに『タモリのオールナイトニッポン』で二回ほど「J」から生放送してくれたじゃない？　それもすごい決断だと思ったんだけど、実際のところはどうだったの？　危ないじゃない。コンセントでも抜けて電源が落ちたら放送事故になっちゃうわけでしょ。

岡崎　電源はあまり心配しなくていいんだよ。気をつけていればいいだけだから。と言いながら、六本木で生中継をしたときに電源が抜けたことはあったけど（笑）。二分くらい中断したかな。だけど、放送が途切れたら「しばらくお待ちください」みたいな音が出る仕組みになっているからね。

幸田　そういうのは、昔はテレビでもよくあったね。

岡崎　ミュージシャンの大友良英さんが若い頃、地元の仙台で『タモリのオールナイトニッポン』を聞いていて、「なんてめちゃくちゃなことをやってるんだ」って思ったらしい（笑）。それで自分はフリージャズに目覚めた、というようなことをどこかに書いていた。年末に宴会みたいなことをやって、それをそのままラジオで放送している。ありえないと（笑）。

幸田　「J」での生放送でもそれに近いことはやったね。僕はあまり覚えてないんだけど、合宿の演芸会でのタモリも本当に面白かったって、みんな言ってるよ。

岡崎　キームの話は覚えている（笑）。タモリは最初逃げたんだけど、捕まったら自分から出したっていうね。そうしたら先輩がやめたと。

幸田　だけど、キーム以外にもくすぐりの刑とかあったんだよ（笑）。僕がくすぐられるのにすごく弱いもんだから、みんなに寄ってたかってやられて。演奏旅行中の旅館の中を逃げ回ったことがあったよ。「助けてくれー！」って叫んで（笑）。

岡崎　ひどいねえ（笑）。それは聞いたことがなかった。だけど、全員はやられてないんじゃない？

幸田　僕がくすぐりに弱いことをみんなが知っていたからだと思う。あとビータのときに、宿泊場所の隣が風呂屋だったりすると、屋根まで登って女風呂をのぞいていた先輩がいたなあ（笑）。今考えたらおっかないよね。

岡崎　ある意味、いい時代だったのかな（笑）。ダンモ研の演奏旅行といえば、「十円事件」があったよね。

幸田　ああ、あれね。もう時効だから話してもいいと思うけど、福岡から京都まで電車ただ乗りしたっていうやつね（笑）。

ダンモ研の演奏旅行で九州に行ったんだけど、僕らの後輩（M君）がちょうど博多に帰省していてね。われわれは宮崎にいたんだけど、「この後、演奏旅行についてこい」ってことになって、小倉で合流することにしたんだ。次の場所が松江で、そこに一緒に行こうと。ところが、夏だったから電車の切符を取るのが大変でね、われわれは彼と約束していた時刻より早い列車に乗っちゃった（笑）。そのことを彼に伝えられなかったものだから、後から一人で追っかけてくることになったんだよね。そうしたら、お金がなかったんだと思うけど、博多駅で当時十円だった入場券を買ってそのまま列車に乗ってしまった。それであろうことか、そのまま延々と京都まで（笑）。京都に友達がいるということだったから、お金を借りようと思ってたのかな。それにしても大変だったらしいよ。車内検札がくるたびにトイレに逃げたりして（笑）。

岡崎　だけど京都駅の改札はどうやって出たの？

幸田　修学旅行生が使う、団体客が出るときだけ柵を開ける出口があるじゃない？　そこを駅員が見ていないときに飛び越えたんだって。そうしたら、飛び越えた目の前が鉄道公安室だったと（笑）。だけど運よく捕まらず、その日は京都の友達の家に泊まって、翌日松江まで来たんだ。

岡崎　われわれが学生の頃の日本は、とても大らかなことが許された時代だったんだね（笑）。

特別座談会

すべては幸田から始まった

バードマン幸田

×

鈴木良雄

×

増尾好秋

×

菅原正二

幸田はすごくまじめな男だという印象だったな

幸田　この本は「J」の歴史の本になるはずだったんだけど、僕の伝記のようになってしまって……。

増尾　原稿、読ませてもらったけど面白かったですよ。幸田さんの卒業後のことは知らないことばかりでした。

菅原　学生時代から立派な方でしたよ（笑）。

鈴木　それで座談会終わっちゃうね（笑）。

菅原　当時からまじめでね。

幸田　僕はあまり目立つほうではなかったから。

鈴木　とりあえず暗算がすごかったのは覚えているな。今でもすごい。

菅原　そうなの？

幸田　いちおう珠算一級だから。

鈴木　暗算すごいもん。スマホで計算なんてしないんだよ。だけど、目立たないってことはなかったよ。最初のオーディションのときからちゃんとサックス吹いていたから。レギュラーになったのって何年生だったっけ？

幸田　二年の途中くらいだったかな。僕の前は荻原武仁さんという先輩がアルトのレギュラーだったの。レギュラーになる前は、ビータ（タビ。演奏旅行）で荻原さんが出られないときに少し吹いてたくらいかな。正式にレギュラーになったのは三年になってから。

鈴木　俺がピアノでレギュラーになる前？

幸田　いや、TBSラジオの大学対抗バンド合戦で三年連続優勝する最初の年から。あなたはすでに前の年、二年生からレギュラーだったから。まあ僕は、一所懸命演奏はしていたけど、目立つ存在ではなかったよ。同期の瓜坂正臣（ts）とかのほうが断然目立っていた。

菅原　学生時代の幸田は、堅物というか、すごくまじめな男だという印象だったな。まさか今みたいに、でっかい蝶ネクタイして（笑）、司会で喋るバードマンは想像できなかったよ。

幸田　中学時代には生徒会長で、弁論大会に出て一位をとったこともあるし、高校のときは文化祭の司会もしたことがあるくらいだから、もともと人前に出るのはわりと好きなほうだったみたいね。

菅原　そろばんはやるわ、生徒会長はやるわ、すごいね。

幸田　だけどダンモ研に入ったら、芸達者ばかりだったから、全然出る幕がない。

菅原　後輩にはタモリもいるしなぁ（笑）。

幸田　そうそう。

鈴木　だけど、タモリだって入ってきたときは全然静かだったよ。暗〜い感じでさ。幸田より全然地味だったよ。

幸田　タモリはビータに行くようになってから変わったのかな。

増尾　僕はタモリと同学年で、幸田さんたちの一年後輩として入ったんだけど、まさか幸田さんが渡辺貞夫さんとつながりがあるとは想像もしてなかった。幸田さんが渡辺さんとつながっていたことで、僕はその後の人生が完全に変わった……。

菅原　そういえば、増尾が入ったときは「ダンモ研にすげえギターが入ってきたぞ」ってハイソ（早稲田大学ハイソサエティ・オーケストラ）でも、すごい噂になったな。

幸田　やっぱり評判になっていた？

菅原　みんなで「聴きに行こう」ってなったくらいだよ。実際、隣の部屋をのぞきに行った。

鈴木　「音楽長屋」（早稲田の音楽系サークルの部室が集まった建物）中で評判だったね。

鈴木　増尾がダンモ研に入ってきて、最初の〝オーディション〟（36ページ参照）で一緒に演奏したのが俺だったのよ。そのときはピアノだったんだけど、増尾のオーディションのときにはベースを弾いたんだ。ベースもたまに弾いていたからね。増尾が入ってきたときは〝みゆき族の坊や〟みたいな感じだったから「じゃあ、なんかやってみるか？」って上から目線で（笑）、お手並み拝見という感じで言ったんだけど、一緒に演奏を始めてみたら「なに、この人！」（笑）。それで、当時ダンモ研の「かえし」（連絡ノート）に「とんでもないやつが入ってきた」って書いたの。それで、ハイソをはじめ音楽長屋に噂が広まっていったんだよ。

菅原　増尾のインパクトはすごかったね。一気に噂が広まったからな。

幸田さんが動いたことで、人生が大きく動いた

鈴木　その増尾もそうだし、俺もだけど、幸田と貞夫さんとのつながりが、その後の俺らの人生を左右することになった。

菅原　その原点が、渡辺さんのサインの入った、あのアルバムか（マイルス・デイヴィス『Young man with a horn』。口絵および24ページ参照）。

幸田　そう。あれが最初。渡辺貞夫さんが自分のお小遣いで最初に買ったレコードなんだ。

鈴木　すごいよね。

菅原　これは貴重だよ。この間、その〝現物〟を見せてもらったけど。

幸田　渡辺さんがバークリーに留学する前に、渡航資金集めのためにオーディオからなにから売り払ったんだよね。僕が家に行ったときには、これとチャーリー・パーカーの25㎝LPだけが残っていた。この二枚は渡辺さんにとって愛着あるものだから、本当は売りたくなかったらしい。だけどわざわざ来てくれたから……って七百円で売ってくれた。

鈴木　今売ったら百万円だよ（笑）。

菅原　汚れたらまずいから、サランラップで巻いて封印しなさい（笑）。

鈴木　だから、幸田が渡辺貞夫さんの家にLPを買いに行ったというのがすべての起点になっているんだよ。たしか、二年のときかな、貞夫さんが帰国してすぐに「ジャズギャラリー８」に出るかもしれないって情報が流れた。貞夫さんがバークリーから帰国した翌日だったと思う。

増尾　僕とチンさんは、その日の昼の部を聴きに行っていた。

幸田　そこで、夜の部に渡辺さんが出るかもしれないと聞いたんだ。

鈴木　司会をしていた相倉久人さんが、もしかしたら夜に……って言ったんだよ。それで僕らは「えっ！」となって、夜の部までいたら、本当に貞夫さんが現れた。目の前で吹かれたら、もうすごいのなんの。

幸田　僕らにも「今日夜に来るみたいだよ」って連絡が回ってきたんだよね。それで聴きに行ったんだけど、あれはショッキングな体験だった。

増尾　帰国後初のライヴだよね。とにかく桁違いにすごかった。

鈴木　すさまじい演奏にひっくり返ったね。もう気持ち悪くなるくらい(笑)。

増尾　その渡辺さんに幸田さんがアプローチして、一週間くらいあとの早稲田祭のダンモ研の部屋に来るなんて「まさか！」という感じでしたよ。

鈴木　幸田は「ジャズギャラリー8」で見た後すぐに電話したんだ。

幸田　そう。すぐ電話した。しかし今考えたら大それたことしたよね(笑)。

菅原　その早稲田祭がきっかけで増尾は貞夫さんに誘われたんだよな。

幸田　増尾ちゃんは、まだ一年生だった。

増尾　あの渡辺貞夫さんと一緒に演奏するなんて、ふつうは考えられないことじゃない。どう考えてもそんなチャンスはないから。それが本当に早稲田祭に来ちゃったんだから……。

幸田　渡辺さんに電話でお願いしたんだけど、そのとき「プロのミュージシャンは誰もいないのか？　しょうがないなあ」って（笑）。

鈴木　当日は誰かの車で迎えに行ったんだっけ？

幸田　そう。先輩の佐々木良廣（b）さんの運転する車で迎えに行ったの。そうしたら材木町の交差点で待っていてくれた。「わあ、本当に待っている！」って（笑）。

鈴木　そのとき俺はピアノだったけど、あのときのメンバーで貞夫さんの演奏についていけるのは増尾しかいなかった。

増尾　僕だって対応できたわけじゃないよ（笑）。

鈴木　いや、ちゃんと対応してたよ。

増尾　もうね、とにかく必死！（笑）

菅原　そこでやったことでチンも誘われることになったの？

鈴木　いや、俺はもっとあとだよ。まずは増尾がピックアップされて、学生時代にデビューしたのよ。彗星のごとく（笑）

増尾　早稲田祭から一年くらい経った頃だったかな。

幸田　それにしても大学二年生だからね。

増尾　いずれにしても、幸田さんが動いたことで、僕にしてもチンさんにしても人生が大きく動いたことは間違いないですね。

幸田　怖いもの知らずだったんだねえ。

菅原　やはり幸田がキーマンになっているな。幸田がいなかったらいろんなことが始まらなかったと。

鈴木　そうそう。幸田が出発点なわけ。渡辺貞夫さんに早稲田祭への出演を依頼したというのがすべての始まり。そして渡辺さんが早稲田に来たことで、まず増尾がピックアップされて、俺もその後ベーシストとして渡辺さんとやることになった。そしてそのバンドで九州に演奏旅行に行ったときに、タモリが登場してくると……。この一連のストーリーの最初に幸田がいるのよ。

なんとかジャズの端っこにいられればとずっと思っていた

増尾　前から聞きたかったんだけど、幸田さんはアルトを誰かに習ったの?

幸田　誰からも習わなかったね。

増尾　音楽理論も?

幸田　うん。だから理論はいまだに全然ダメだね。鈴木、増尾をはじめ、みんな貞夫さんに教えてもらっていたじゃない?

増尾　寺子屋みたいにね。

幸田　僕はその頃アルバイトばっかりで全然行けなかったんだよね。だから、貞夫さんの講義の内容は、みんなから教わったんだよ。

増尾　レコードではなにを聴いていたの?　やっぱり貞夫さん?

幸田　貞夫さんのレコードはもう近所迷惑になるくらい毎日聴いていたね。

増尾　ダンモのウエスト・コースト・グループで幸田さんと一緒に演奏していたときも、アンコール曲に貞夫さんの曲を選んでましたよね。

幸田　増尾ちゃんが貞夫さんの譜面を持ってきてくれたこともあった。

鈴木　たしかに貞夫さんの曲はけっこうやっていたね。ボサノヴァとか。

幸田　とにかく鈴木、増尾の二人が音楽的に桁違いのレベルだったんだよ。だから途中で脱落しちゃった。

鈴木　だけど、幸田も貞夫さんそっくりに吹いてたよ。よかったよ、フィーリングは（笑）。

幸田　一時は、プロになりたいって思ったこともあったよ。だけど二人を見てると、音楽一家で育ったせいか、やっぱり自分とは違うなと。だから就職するしかないなと思ったんだ。鈴木と増尾は若い頃から渡辺さんのところや菊地雅章さんのところでやっていたし、二十代後半になると増尾はソニー・ロリンズ、鈴木はアート・ブレイキーでしょう。

菅原　それは大したもんだよな。

幸田　二十八歳のときかな、会社の出張でニューヨークに行って鈴木にお世話になったんだけど「みんな大活躍しているよなあ」と思っていたわけ。それでいざわが身を振り返ってみると「この落差はなんだ！」。そんなことから、日本のジャズ界の端っこにでもなんとかいられたらいいなと思いはじめた。

菅原　幸田のえらいところは、そういう〝ラインどり〟が正しいところだね。

鈴木　だけど、片倉工業みたいな大会社にいてさ、ちゃんとまじめに十年以上勤めていたのに、スパっと辞めてこの店をやり始めたというのはすごい決断だよな。会社勤めのときにはサックスはもうやってなかったの？

幸田　会社のパーティーとかでは吹いていたし、「ジャンク」という店が昼間は社会人が演奏できたから、そこで演奏することはあった。それがうれしくてね。

菅原　そうか、幸田はカタギ時代を経ているんだな。

鈴木　菅原はカタギになったことないだろ（笑）。

菅原　そうだな（笑）。まぁ、たしかに、チンと増尾は当時から際立っていたよな。

増尾　僕は渡辺貞夫さんのバンドに入ってプロになったけど、渡辺さんはもうすでに大人気だったから、当時はとにかく忙しかった。その後、貞夫さんのバンドが解散すると、その翌年にはニューヨークに行っちゃったんで、そのあたりから幸田さんがなにをされていたとか、僕はまったく知らないわけ。ロリンズのグループにいた頃に来日コンサートに来てくれたりはしていたけど、断片的にしか会ってないんですよね。この「J」では、同期の吉田忠興に誘われて一回演奏したくらいかな。

幸田　それは先代のときだよね。そのときの演奏は僕も聴いている。

菅原　忠興も「J」をやっていたの？

幸田　彼は先代の「J」のときにブッキング（出演者を決めて契約すること）をしていたんだ。

増尾　忠興が、先代のジミーさんと知り合いだったんですよ。

菅原　そもそもなんで幸田が「J」を始めることになったの？

幸田　さっき言ったように、なんとかジャズの端っこにいられればとずっと思っていたところに、「J」の先代のジミーさんが、突然亡くなってしまってね。僕が三十二歳のときだった。

増尾　そのときにはすでに「J」には来ていたんですね。

幸田　吉田忠興に「面白い店があるから」って連れてきてもらっていた。そうしたらジミーさんの奥さんがお店を継ぐ人を探しているときいて、手を挙げたわけ。他にも手を挙げた人がいたらしいけど、早稲田の連中だったら信頼できそうだ、ということで決まった。

菅原　それは、その奥さん、とんだ勘違いしたな（笑）。まあ、早稲田が信頼できるかわからんが、根性はあるわな。

幸田　サラリーマン生活に区切りをつけてやってみようと。ダメ元で。今思えば怖いもの知らずだよね。

菅原　それがノースウエスト・エンタープライズという会社になると。

幸田　ダンモ研のみんなに声をかけてね。

鈴木　それまでダンモ研の拠点と言えるような場所はなかったから、幸田がみんなを誘ったわけだ。

幸田　以前から溜まり場が欲しいという話はたしかにあったんだよね。

鈴木　そのときはタモリもすでに頭角を現していたと。

幸田　けっこう有名になっていた。イグアナとかでね。和田アキ子の『うわさのチャンネル』

にレギュラーで出始めていた頃かな。だから「J」を継ごうと思ったのは、みんなの活躍が影響したことはたしかなんだ。あと、なんとなくジャズクラブのマスターってかっこよく響くじゃない（笑）。

それはもう地獄だったよ

幸田　会社を辞めたのはいいんだけど、勤めて十年そこそこだったから、退職金もたいしてなかったんだよね。それでみんなに資金提供をお願いしたんです。そうしたら、瓜坂はじめみんなが「幸田は商売に向いてない」って言うわけ（笑）。「お客の接待は大変だぞ、思っているほど簡単じゃないぞ」って。だけど最後は「おまえがそこまで思い詰めているなら」とみんなお金を出してくれた。

鈴木　俺、一銭も出してないよ（笑）。

幸田　だって、日本にいないんだもん（笑）。それでお金が集まったところで会社名をどうしようかと考えて……。

菅原　〝都の西北〟にしたわけだ。

幸田　そのとおり。タモリも気前よく出してくれて、今でも二番目の株主だよ。

鈴木　そのときはタモリも稼ぎ始めてたんだなぁ。ずっと貧乏で大変だって言ってたのに（笑）。

増尾　すごい話だよね。タモリのことも含めて、そのあたりの事情は全然知らなかった。タモリとは、ソニー・ロリンズのグループで博多に行ったときには会ったんだけど。

鈴木　増尾もニューヨークに行っていたからね。じゃあ、幸田は卒業してからもタモリとはつきあいがあったということか。

幸田　彼は博多でサラリーマンをやったり、いろいろな仕事をしていたのね。ボーリング場の支配人をやっていたときかな、研修で東京に来ることが何度かあって、そのときはうちに泊まってたんだよ。そういうかたちでずっとつきあいはあったの。それで「J」を始めてからしばらくはよかったんだけど、店を始めてから一年半で火事に遭っちゃったんだよね。同じ地下の三軒のお店にも煙や水が入ったりしたので、「なんとか弁償しますから」と謝りに行きました。ピアノやお店の器具は消化水をかぶるし、天井は壊されちゃうし、大損害を受けた上に、保障のお金も必要になってしまったので大変だった。

鈴木　よく持ち直したね。

幸田　それはもう地獄だったよ。だけど、いろいろな人の助けで、結果的にリニューアルできて、火事の前より繁盛もしたから「焼け太り」とか言われたけどね（笑）。

菅原　まあ、たしかにものは考えようだよな。お店の改修と思えば、直したいところを直せるということで。

鈴木　保険はおりたの？

幸田　多少だけどね。保険といえば、当初は僕が放火したんじゃないかって疑われたからね、警察に。「保険金いくら入っているの？」って。保険は入っていたけど、それだけじゃとても再建できるような金額じゃなかったのに。すぐに疑いは晴れたんだけど、泣きっ面に蜂だよ。
鈴木 結局、火の元はなんだったの？
幸田 ソファの下が出火元だったんだって。僕がまずかったのは、お店を譲ってもらったときに、鍵を替えてなかったのね。警察に「それはまずいですよ」と言われた。
菅原 鍵替えなかったの？　替えなきゃダメだよ。
幸田 さすがお店のプロだな（笑）。
菅原 久しぶりにナオン（おんな）のところに行って、鍵が替わっていたらショックだよな（笑）。
鈴木 それはあなたの話ね（笑）。
幸田 いろいろな状況から考えると放火だと思われるんだけど、結局、犯人は捕まらなかった。
鈴木 だけどなんで放火なんかしたんだろう？
幸田 あいつだけうまくやりやがって……と恨みを買ったのかもね。
鈴木 幸田を恨む人なんて……まあ、たくさんいるか（笑）。

全部、幸田から出発しているってすごいよな

菅原 平子勝昭（ハイソ、tb）が福岡でジャズ喫茶「バックステージ」を作ったじゃない。一九七四年だったと思うけど、俺、その工事をしていたときにそこにいたんだよ。
増尾 「バックステージ」はそんなに長いの？

菅原　長いよ。「ベイシー」のほうが少し先にできたんだけどね。工事中のときには行ったんだけど、完成してからは行ってない（笑）。それで、その平子がカクテルの作り方をタモリに習ったって言ってた。

幸田　店を始めた頃、タモリが手伝ってたって言ってたね。

菅原　タモリはそういう飲食の商売もしたことがあったんだろ？

幸田　喫茶店かなにかやっていたと思うよ。

鈴木　まだタモリが芸能界に入る前、俺と増尾が貞夫さんのグループで九州にコンサートで行くといつもタモリと会っていたんだ。それであるとき、コンサートに来たタモリと、終わった後にホテルの一室で飲んでいたのね。俺とマネージャーとタモリの三人だったのかな。お開きとなって、タモリが帰ろうとふらふらとホテルの廊下を歩いていたら、そのコンサートにゲストとして出ていた山下洋輔のグループがやはりホテルの一室で飲んでいて、どんちゃん騒ぎをしていた。たまたま部屋のドアが開いていたので、タモリが部屋の中をのぞくと、中村誠一がごみ箱かなにかをかぶって虚無僧《こむそう》みたいなことをしていた（笑）。それを見たタモリは「同じ人種がいる！」（笑）。突然入り込んで、輪をかけておかしな芸をしたっていうのが彼らの最初の出会いなんだね。そんなわけで山下洋輔の界隈で有名になって、タモリを東京に呼び出そうということになった。今考えたら、すごい話だよね。幸田をきっかけにわれわれが貞夫さんのグループに入って、それがタモリと山下洋輔たちとの出会いにまでつながるんだから。

幸田　博多に森田っていう面白いやつがいるから、東京に呼び出そうということでゴールデン街の「ジャックの豆の木」の常連たちがお金を出し合ってタモリを上京させたんだよね。赤塚不二夫に山下洋輔、筒井康隆、三上寛、長谷川法世、奥成達、高信太郎、南伸坊などなど錚々たる人たちがね。

鈴木 それが全部、幸田から出発しているってすごいよな。

菅原 縁なんだろうな。

鈴木 とにかく、みんな運命的な出会いを果たしているんだよね、今思うと。だからやっぱり、幸田が高校生のときに貞夫さんからあのＬＰを買ったということから、すべてが始まっているんだよ。同期に菅原がいたというのも運命だと思うよ。

菅原 だから、俺、三浪してよかったと思ってるよ（笑）。そうじゃなかったら、みんなよりお先に大学を出て、優秀なサラリーマンになっていたかもしれない（笑）。

鈴木 いやあ、それはない（笑）。

菅原 現役で入っていたらわかんないよ（笑）。だけど、三浪したおかげで面白い連中に出会えてラッキーだったと思ってる。伊藤八十八とは生涯の友達になったし、貞夫さんと親しくさせてもらうきっかけは、チンと増尾が貞夫さんのグループに入ったことが大きいから。ふつうとてもじゃないけど、近づけないじゃない。だから遠くから見ているだけの人だったんだけど、この二人が入ったから接近できた。忘れもしないけど、貞夫さんの出身校である宇都宮工業高校の催しに一緒にくっついて行ったんだ。そんなことから、毎年「ベイシー」で貞夫さんがライヴをやることになって、以来、四十五年以上無欠勤ですよ。チンと増尾がいなかったら、今みたいに親しくさせてもらえてなかった。

鈴木　やっぱり、そうやって結びついていくんだね。

菅原　みんなのおかげさんだね（笑）。

ちょっと待ってくれ、俺はピアノなんだけど

鈴木　増尾が入ってすぐの頃かな、貞夫さんがチャーリー・マリアーノと2ホーンでやったライヴを観に行ったの。そうしたら増尾が必死になって循環コードをやっているんだけど、「ちょっと違うんじゃないか」とかチャーリーに言われている（笑）。俺も当時はよくわかんなかったけどね。

増尾　もうほんと必死でやってた。死ぬかと思った（笑）。

鈴木　その頃、増尾から、「貞夫さんのグループのベーシストがなかなか決まらない、一カ月に一回くらい変わる」と聞いていたのね。貞夫さんは音楽理論を教える寺子屋をやっていて、生徒が増えたからヤマハで教室をやることになったんだけど、俺はそこにも通っていたんだ。ピアノでね。あるとき、生徒のアレンジをオーケストラで演奏することになったんだけど、ベースがいないわけ。貞夫さんが「誰かベース弾けるヤツいないか？」っていうから、俺が手を挙げた。他に誰もいないから。まあ、コードを追っかけるぐらいはできたからね。そうしたら、演奏が終わった後、貞夫さんが近づいてきて言うわけ、「おまえ、ベースいいじゃないか。俺

のバンドで弾かないか」。いや、ちょっと待ってくれ、俺はピアノなんだけど（笑）。最初は冗談かと思ったんだけど、貞夫さんを見たら真剣な顔をしているから、参ったなあと。それであるとき増尾に相談したのね。増尾も「いやあ、それは僕にもわかんないよ」っていう感じだったんだけど、話しているうちに「ベースに替わろう」と思ったんだ。増尾は後輩だけどすでに第一線で活躍している。俺はしがないピアニスト。これから先どうなるんだろうって不安も抱えていた。結果的にそれが決断を後押ししたんだと思う。

増尾　チンさんは最初からベースがうまかったから、僕は全然驚かなかった。

鈴木　俺は十二歳くらいまでヴァイオリンをやっていたから、弦楽器の下地はあったんだと思う。高校のときはギターも弾いていた。ギターの下の四弦はベースと同じ音程だしね。ダンモ研のときには部室にベースが転がっていたから遊びで弾いていたし。増尾もベース弾けるもんな。

増尾　学生のときはベースやる人が少なかったからね。

幸田　増尾がデビューしてからプロ志向の人が一気に増えたんじゃないかな。

鈴木　それまでにも先輩の萩原栄治郎（b）さんが渡辺貞夫さんのグループでやっていたし、桝山りょう（p）さんもプロになったけど、数は限られるよね。

菅原　ハイソだと、俺の二期上に吉福伸逸という人がいて、早くからプロのベーシストとして活躍してたね。俺は彼に鍛えられた。当時の吉福さんはスコット・ラファロを信奉してた。

増尾　そうなの？　吉福さんの話は最近市川秀男（p）さんから聞いたよ。

菅原　吉福さんは、ひたすらシンバル・レガートを可能な限り速いテンポでやれって言うの。あの人はそれに合わせて自分の練習をしているわけ。俺は毎晩のように練習台に使われていた（笑）。彼はすぐにプロになって、いっちゃん（市川秀男）やジョージ大塚ともやっていた。

鈴木　ものすごくテクニックがあった人だよね。スコット・ラファロみたいな。

増尾　この間、市川さんと会って話したときに、吉福さんの話が出て、一緒にやっていたって言うから、そうなんですかって驚いた。

菅原　吉福さんは二〇一三年に亡くなったんだよね。終《つい》の住いとなったハワイで。

増尾　彼は音楽セラピーのようなことをやっていたんですよね。

菅原　アメリカでね。そういえば彼がアメリカに行くきっかけを作ったのは俺なんだよ。ハイソが一九六七年にアメリカ遠征をやってのけたでしょ、約一カ月間のビータ。そのときレギュラーのベースが行けなくなってしまったんで、当時すでにプロだったけど吉福さんにトラ（代役）をお願いしたのよ。吉福さんがいれば安心じゃない？　ドラムがイモってもベースがちゃんとしてれば（笑）。

鈴木　そうか、あのアメリカ公演に吉福さんが行ってたのか。

俺たちがキャバレー全盛時代の最後の世代かもしれない

菅原　ハイソの先輩でいえば、あとチャーリー石黒さんだな。俺が彼の東京パンチョスでタイコ叩いてた頃、キャバレーの仕事では当然歌謡曲もやらなきゃいけなかったのね。だけど歌謡曲なんて聴いたことがなかったものだから、いつも隣の喫茶店のようなところで譜面を読んで勉強していたのよ。そうしたら、それをたまたま見たあちらの世界の親分が、「あいつはまじめだ。見どころがある」って勘違いして、あやうくスカウトされそうになった（笑）。

鈴木 菅原はカタギには見えないからな（笑）。たしかに、昔は歌謡曲の伴奏の仕事も多かった。増尾なんかは、歌謡曲とか演奏したことないだろ？

増尾 ないんだよね。

鈴木 俺は下積み時代にやったことあるんだよ。

増尾 あるんですか。

鈴木 そんなに長い期間じゃなかったけどね。キャバレーでピアノを弾いていたときは、やっぱり歌謡曲をやらなきゃいけない。バンマスがお客に「なにかリクエストありますか？」って聞くわけ。お客から曲名があがるんだけど、俺は全然知らないからイントロは「ズンチャチャ、ズンチャ」って、キーが違うだけで、全部同じ（笑）。

菅原 ずっとジャズで来ちゃっていると歌謡曲を知らないんだよな。

増尾 うちも、親父（ピアニストの増尾博）がNHK以外のラジオは聴かないって人で、もちろん歌謡曲も全然聴かなかった。

鈴木 増尾は学生時代にプロになったジャズ界の貴公子だから、やる必要がなかった。下積みなしだもんな（笑）。俺なんか、ストリップのバックバンドとかもやったしね。やっぱり、貞夫さんに誘われてベースに替わったのはよかったって思うよ（笑）。

幸田　そういう下積みの経験も、ベースになるきっかけになっているんだね。

菅原　俺は東海林太郎の伴奏もやったからな。　歌謡曲のバックはいろいろやったんだけど、東海林さんのときはすげえ怖かった。　チャーリーさんがプレッシャーかけるんだ。「イモると叱られるぞ」って。　そんなこと言うもんだから、こっちはカッチカチになってやったよ（笑）。

幸田　僕もそういえば、サラリーマン時代だけど、キャバレーのトラでけっこう呼ばれて行ったね。　人数合わせみたいなもんだったけど。ディック・ミネのバックをやったときは、彼が楽屋に来て「バンドさんで飲んでください」ってウイスキー一本持ってきてくれたな。

菅原　そういえば、月世界ビル（赤坂）の地下にあった「ゴールデンゲート」に、東京パンチョスは月に二十三日もハコで入っていてネ、ある日、モヒカン刈りのロリンズが入ったときがあったんだよ。　昔は、来日したアーティストが日本公演のオフの日にキャバレーでアルバイトしたもんなんだけど、ロリンズのグループが俺たちのバンドスタンドの前でやってるわけ。

幸田　えー！　そんなことあるんだ！

菅原　彼らの演奏を真後ろで聴いたんだよ。「モリタート」やったところで、「ドラム！　俺と替われ！」って言いたくなったね。　そのときのドラムが大したやつじゃなかったんだよ。　もうね、今から考えたら、後ろからぶっ叩けばよかったな（笑）。

鈴木　それは増尾がロリンズのグループに入る前だろ？

菅原　そうだね。

鈴木 その時代はキャバレーがいっぱいあったからね。たいていジャズメンが演奏しているんだけど、ジャズを演奏していいのはお客が入る前だけでね。お客が入ったらピタッとやめて歌謡曲の伴奏でもなんでもやる。ルンバとかね。

菅原 うん、俺らもそうだった。客が少ないファースト・セットではベイシー・ナンバーをやってた。

鈴木 お店によるんだけど、ダンスミュージックが中心のキャバレーもあったし、あとお姉さんがお酌するようなところもあったし、さらにいえばストリップショーがあるような店もある。

菅原 ストリップは常識。あれさ、楽屋で全部脱がれると見たくもねえよな（笑）。蛍光灯の下でさ、すらっと脱いで着替えるんだよ。脱ぐための衣装に。

鈴木 彼女たちは気にしてないもんな。しかし、キャバレーも急にすたれてなくなっていったなあ。

菅原 俺たちがキャバレー全盛時代の最後の世代かもしれない。俺らの後に急速になくなっていった。

鈴木 ビッグバンドもほとんどなくなったしね。

菅原 やはりね、ビッグバンドはキャバレーとともに消滅したのよ。仕事がなくなっちゃったから。キャバレーの固定給で二十三日分入るというのは、それはすごい給料だった。

鈴木 すごい金額になるよね。

菅原 月にデージュー（二十万）くらいだったかな。さらにその間にレコーディングやテレビのレギュラーが入っていたから、そのギャラを入れたら、すごいことになっていた。当時のサラリーマンの初任給が二〜三万っていう時代だからね。初めて給料もらったときは、こんなにもらっていいのかなって思った。

鈴木　最初に渡辺貞夫さんのところに入ったときは、俺と増尾は給料制だったんだけど、少し経ってから歩合制になったのね。そうしたらやっぱりサラリーマンの何十倍もの額になった。そこでちょっと金銭感覚が狂っちゃったね。増尾は学生のときからすでにスターだったから全然平気だったかもしれないけど（笑）。

増尾　平気ではなかったよ（笑）。

いまだに自分の好きなことをずっとやっている

増尾　まあ、今の若い人たちはわからないけど、当時の僕はミュージシャンになるとはどういうことなのか全然知らなかったし、どうやって食っていくかもまったくわからなかった。好きだったからそのままプロの世界に入っちゃっただけで、将来どうするかとか計画性なんてまったくなかったね。

鈴木　俺、今でもないもん（笑）。計画できない性分だから。

菅原　迷ったりするような選択肢はなかったんだよ。目の前にある好きなことをやっていればなんとかなるだろうというね。

増尾　そうなんですよ。だから、今までよく生きてきたなって思うこともよくあるわけ。振り返ってみるとね。
幸田　それは素晴らしい人生だよ。
鈴木　なんとなく渡っていけるもんなんだよ。
増尾　よく五十年も音楽でやってこられたと思う。幸田さんも、一度ちゃんとサラリーマンになった後、自分の好きな場所に戻って、ずっとやってこられたわけだけど、当初それがうまくいくかどうかなんてわからなかったわけでしょう？
幸田　それはそうだよね。たしかに。
鈴木　幸田は音楽の世界で成功しようとかお金儲けようとか、そんなこと考えてないもんね。ただジャズが好きで、そこに行きたいから来たわけだよね。
幸田　そう。ジャズの空気の中に少しでもいたいという気持ちだね。
菅原　最後は、「好きなんです」っていう答えでおしまいなんだよな（笑）。
鈴木　もちろん、そのことで幸せなこともあれば、不幸せな部分もあるわけだ。不安定な職業だから。金銭的な面は特にね。だけど、それを考えていたら音楽なんてできない。
増尾　この世界は先の保証がないからね。でも僕なんか今でも大学のときと感覚的にはまったく変わりないのね。もちろん、社会経験も積んだから、多少は大人になりましたけど。いまだに自分の好きなことをずっとやっている。一生懸命練習している。
鈴木　練習してるの？（笑）

増尾　僕は練習ばっかりですよ（笑）。途中ちょっと演奏から遠ざかったときがあったから、余計にそうなのかもしれないけど、学生時代に一生懸命練習していたのと同じ感じですよ。でもね、毎日やることがちゃんとあるわけだし、それはそれで幸せなんですよ。あんまり物はないけどね。だけど、こういう世の中で、なんというか……。

鈴木　充実感があると。

幸田　いいねえ。素晴らしいね。

増尾　うん、充実か。こういう気持ちで生きていけるというのは、すごく幸せだなと思うんですよね。

鈴木　それさえあればいいんだよ。お金なんて言ってもさ……。

増尾　もうちょっとあればいいけどね（笑）。

鈴木　まあそうだけど、死ぬときにあの世にお金持っていけるわけじゃないしさ。いま生きているときにどれだけ充実しているかが大事。死んでから充実できないんだから。

菅原　そうなんだよ。好きなことで生きられたらありがたいことなんだな。

増尾　ジャズ・ミュージシャンって、早い話が自分の好きな音楽しかやらないんですよね。だからミュージシャン全体で考えると、僕らみたいな種類のミュージシャンのほうが少ないと思いますよ。

幸田　増尾ちゃんを見ているとね、こんなピュアな人いるのかなって思うんだよね（笑）。酒飲まないしタバコは吸わないし、変な誘いには絶対に乗らないし……。

鈴木　それと精神的にピュアかどうかは別問題だよ。俺はお酒飲むけど、精神的にピュアだから（笑）。

ふつうでない人だけが特殊な表現ができる

鈴木　いまは学生もそうだし、若いプロもそうだけど、みんなめちゃくちゃ上手い。ただ、われわれの学生時代とはかなり時代背景が変わってきているよね。俺たちが若かりし頃は世の中がまだ混沌としていたし、どこにでも行けるっていう感覚があった。俺たちみたいなのが世に出てゆける土壌があったと思う。今は「自分の好きなことをやろうや」という気分になかなかなれないんじゃないかな。みんなきちんとしているしね。酒飲まないタバコ吸わない、他のこともしない……他のことってなんか危ないことみたいだけど（笑）。ちょっと昔のジャズメンとはライフスタイルが違う感じはあるよね。なんというか、外れてないんだよね。俺たちはもともと外れているところで生きているから。たしかに資本主義の中で生きている限り、ビジネスというか、お金を稼ぐことに追われるわけだけど、そういうところに俺たちみたいな常識から外れたやつらがいるから、いいんじゃゃねえかって思うわけ。もちろんお金は欲しいよ。ないよりあったほうがいいに決まっているんだけど、お金のために生きているわけじゃないから。だから昔だったら王様、いまならどこかの社長たちが俺たちにお金をくれればいいわけ（笑）。

幸田　もっと文化にお金を使ってくれというのは、たしかにそうだね。

鈴木　アメリカにはまだそういう考え方はあるよ。残念ながら日本にはないかな。特にジャズにはね。ジャズに限らないと思うけど、日本は文化に対してのアプリシエイトがない。
増尾　欧米の文化へのリスペクトの高さはたしかにそうだけど、日本人もすごい民族だと思いますよ。民度が高いというか、高い生活レベルを保つ意識が高いというか。でも、逆説的だけど、海外のほとんどの国は、日本よりもっと生きていくことが楽かもしれない。
鈴木　海外のミュージシャンって、生活破綻者ばかりじゃない？（笑）
増尾　それは極端だけど（笑）。だけど、アメリカの音楽関係の人間なんて、もうみんな好き勝手に生きているから。外国に住んでいて思ったのは、めちゃくちゃな生活をしようと思えばいくらでもめちゃくちゃになれるってこと（笑）。だけど僕の中には日本人の国民性があるからそうはならなかったのかなと思う。もちろん、本当にはっちゃけた自由な表現、という点でアメリカのミュージシャンに尊敬の念はありますけどね。僕の好きなジャズ・ミュージシャンにはみんなそういうものがある。
鈴木　ふつうでない人だけが特殊な表現ができるというか。
増尾　常識とかモラルに縛られてない世界ね。
菅原　それはアメリカが上なんだよな。俺たちがアメリカのジャズ・ミュージシャンに惚れた理由だよ。
増尾　僕は、外国に住んで、そういう人たちと同じ時間を過ごしたということが宝になっているのね。だから、今の若いミュージシャンはとても上手いんだけど、そういう意味でももっともっと音楽の世界は広いんだよって言いたいところはあるかな。

鈴木 無限の広がりがあると思う。今はみんな教科書で習ったものをやっている感じ。卒業演奏会みたいなね……それじゃないんだよね……もっと弾けるものが……。

増尾 僕らみんな自己流だもんね。

菅原 やはり自分の言い分があるかどうかじゃないかな。自分に根拠がないと、いくら上手になっても「それでなに言いたいの？」ってなっちゃう。意見というか言い分が腹にないと。そこが大事だと思うんだな。

鈴木 ジャズっていう音楽は本来野性的だし、自然発生的で原始的な音楽だから。自由と言い換えてもいい。誰でも自分の中に持っているもので、かつ自分で開拓していくものだからね。

それまでとは違う音を求めていくのがジャズだった

鈴木 一九四〇年代から六〇年代にかけてのジャズの世界は、素晴らしいミュージシャンが爆発的に生まれて、素晴らしい音楽が生み出された特殊な時代だったんだよね。だから、乱暴な言い方をすれば、その時代で完結しているんだ。日本人はその素晴らしい時代のジャズをすごくアプリシエイトして、すごい音楽だというのがわかっている。われわれミュージシャンも、ジャズ喫茶、ジャズクラブの経営者もそう。だからこれまでずっとやってこれているわけ。今と昔で違うのは、昔はジャズがリアルタイムで発展していたんだけども、今はもう発展はしていないんだよね。だから、俺らの世代がいなくなると、そういう流れは途絶えてしまうかもしれない。クラシック音楽と同じになってしまう。今、若い人たちが演奏している音楽も、どこかで聴いたことのあるものばかりなんだよね。だけど、俺らが夢中になってやっていた若い頃は、どんどんあたらしい音が出てきて、それまでとは違う音を求めていくのがジャズだった。

幸田　リアルタイムで聴いたことのない音楽が次から次へと出てきたものね。生でコルトレーンの演奏も聴いたし。

菅原　つねに最先端の音楽だったからな。

鈴木　それがジャズっていう音楽だと思っていたから。だから、俺はいまだにその精神だけは持っておきたいと思う。自分でオリジナルを書くときも、今までに聴いたことのない音を作っていくという姿勢を忘れたことはないんだ。

菅原　俺もそう思うよ。昔の演奏をなぞったって、どうせ勝ち目ないからさ（笑）。だから世の中の流行りとかも含めて、周囲の情報に惑わされるのではなく、個で突っ切るしかないと思うんだよね。個で考えるべきだと思うんだ。

増尾　僕の好きなウエス・モンゴメリーというギタリストがいるけど、今思えば、彼はすごく若いときに亡くなっているのね（四十五歳で死去）。今の僕のほうが全然年上（笑）。

幸田　彼よりも長生きしちゃったわけだ（笑）。

増尾　僕のほうがはるかに長生きしちゃったけど、自分を信じて、自分が新鮮だと思うもの、いいと思うものを追い求めて、表現として凝縮して、音楽を愛している方々の前で演奏する、これしかないと思う。このことついては全然迷いはないですね。

菅原 世間の動きや流行りに対して鈍感力を持っていたほうがいいよな。

増尾 周りに左右されちゃうとね。

菅原 流行りというのはスパンとしては短いからね。「ブームは去るもの」ってね。

鈴木 でも、もう今は流行りということ自体がない時代かもしれないね……。さっき増尾が言ったけど、俺もアメリカ行ったときに自分のアイデンティティってなんなんだろう?ということにまずぶつかったんだよね。最初はとにかく黒人みたくベースを弾くんだってやっていたけど、途中でなんの意味もないということに気が付いた。一緒にやっているメンバーは全員黒人、聴衆も全部黒人という中で、黄色人種の俺が一生懸命ビートを出そうとしているわけ、必死になって。みんなは「イェー!」なんて言ってエンジョイしているんだけど、俺だけ必死な顔して青筋たててベース弾いている(笑)。ここの音符は長いとか短いとかね。そうこうしているうちに、あるとき、サーって冷めたの。俺はいったいなにをやってるんだろ?って。アメリカでやるときは、必ずアイデンティティの問題にぶつかる……つまり「おまえは何者なんだ?」という問題にぶつかるんだけど、そこが大事なんだと思う。

もうこれでダメかなと思った

菅原 これは最初のほうで言わなきゃいけなかったんだけど、幸田には世話になっているんだよ。東日本大震災の後、「J」でダンモ研とニューオリ（早稲田大学ニューオルリンズジャズクラブ）とハイソのOBで年に一回コンサートをやってくれて、その収益金の中からいつも寄付してもらっているんです。そのおかけで、個人的に知っているジャズ喫茶がだいぶ助かりましたよ。岩手ジャズ喫茶連盟という名ばかりの集まりがあって、みんなへたばっているから、俺が一応中心になっているんだけど（笑）、そこを経由してね。ジャズ喫茶を助けてもらった後は、県の「いわての学び希望基金」（震災孤児のための就学支援基金）というのが一番しっかりしているから、そこに寄付をさせてもらっている。

幸田　その後は毎年三月と秋にやっていて、年に二回寄付を送っているんです。

菅原　だからとても恐縮しているんですよ。

幸田　いやいや、菅原がちゃんと間に入ってきれいにやってくれてるから。

菅原　一応、県知事からお礼状くるもんね。

幸田　ミスター・タモリも、表立ってはあまりできないけど、このセッションにはほとんど参加してくれているんだよね。

菅原　最近タモリは、ハイソをバックに歌うことにはまっているな（笑）。

増尾　どういうこと？

幸田　ハイソをバックにブルース・スキャットをやるの。

増尾　やってるんだ（笑）。

菅原　それでどうも味をしめたらしくてな（笑）。

幸田　ビッグバンドのバックで歌うのは、たぶん気持ちいいんだろうね。
増尾　ところで震災のとき、「ベイシー」も建物にダメージはあったんですか？
菅原　もちろんあったよ。それ以前の地震でもあったんだ。四十八年間の中で五回かな、地震でめちゃくちゃになったのは。東日本大震災のときは、今度こそ倒れると思ったもん。
幸田　あのときはしばらく休んだよね。
菅原　ずっと停電だったから。だから、俺はあの津波の映像はリアルタイムでは見てないんですよ。一週間くらいしてから、電気が通ったからテレビつけたら「えー！」ってなった。
幸田　そうか、われわれのほうが早く見ていたんだ。
鈴木　俺たちはリアルタイムだったからな。あの日、俺と増尾は当時あったうちのスタジオでレコーディングしていたんだ。そしたら地震が起きて、みんな真っ青になって。上の階に行ってテレビつけたら、あの映像が流れてきた。
増尾　あれは強烈だった。
鈴木　あの映像には日本人はみな、強烈な印象を受けたはずだよ。ひと昔前は、あんなリアルタイムでの映像なんてなかったじゃない。
菅原　あんな映像がとらえられたのは、今回の震災が初めてだからね。東北でいえば昭和八年の津波のとき（昭和三陸地震）の映像はないわけだから。昭和三十五年のチリ地震の津波は、俺は高校生のときにかぶっているけど。高田松原（現岩手県陸前高田市）のど真ん中に戦前からの家があったもんだから、やられた。だけど、今回はもう松原ごと跡形なし。洗いざらいだよ。

幸田　まともに受けたんだ……。

鈴木　あの映像の中に映っている車はおもちゃの車みたいに見えたよ。あまりに非現実的で……。当日は「J」も休んだの？

幸田　三日か四日休んだんだね。地震当日もミュージシャンが来たんだけど、「ごめんね。とてもやれる状況じゃなくて」と。それで数日休んだ後、店を開けたら、パラパラだったけどお客さんが来てくれた。それはありがたかったけど、僕が手がけていた市民ホールでのコンサートが軒並みキャンセルになったので、もうこれでダメかなとも思った。

増尾　あのときは、音楽もやってはいけないような雰囲気があったから……。

菅原　そうなると、なんというか、辛いものがあるんだよな。

増尾　僕の場合は、もちろんキャンセルになった仕事もあるんだけど、ならなかった仕事もずいぶんあったんです。それで行って、演奏すると、お客さんたちがものすごく喜んでくれたのね。あらためて、音楽にはパワーがあるんだなと実感した。実は、その前にあまり演奏活動をやっていなかった時期があったので、やはりこうやって自分自身で演奏することをやらなくちゃダメだなってすごく思ったんです。だから、あの日から僕はものすごく変わった。自分の考え方、日本人に対する考え方もね。それまでは日本に対してネガティブな面ばかり見ることが多かったんだけど、あの日から日本のいいところもよく見えるようになりました。

鈴木　震災の数年前からだったかな、増尾とデュオの活動を少しずつ始めたのは。それでデュオのCDを作ろうとしていたのが、まさにあの日だった。

増尾　演奏することから遠のいていたので、もとに戻すのがものすごく大変だった。そのときにチンさんはもちろん、演奏する場所を提供してくる幸田さんとか、タモリもそうだけど、いろんな人に助けてもらいました。

「J」はいろいろな人を育ててきている

増尾　やはり、ミュージシャンにとってこういう「J」のような演奏する場所があるっていうのはものすごく大切なんですよ。だから、幸田さんにはこれからもぜひ頑張って続けていただきたいんです。

菅原　うん、幸田はよく頑張っている（笑）。それと「J」は、ミュージシャンもそうだし、いろいろな人を育ててきている。俺はその点怠っている。全然人を育ててない（笑）。

幸田　前にあなたに「よく月に二十五日も三十日もブッキングできるな」って言われたね（笑）。

菅原　演奏スケジュールのハガキを見ると、よくもまあこれだけブッキングできるなと、毎回思う。とてもじゃないが、俺には信じられないよ。

鈴木　菅原はもう、貞夫さんとか坂田明とかの有名人しかやらないから。俺はやってくれないもんな（笑）。

幸田　まあ、「ベイシー」はもともとライヴハウスじゃないからね。

菅原　そう、ライヴハウスじゃないからさ。いざやるとなると助っ人を動員しないといけないから、大変なのよ。

増尾　これは人から聞いた話なんですが、東京でジャズを演奏できる場所は、大小を問わなければ二百以上あるらしいんです。一方、ニューヨークは五十もない。東京以外の地方も含めると日本は圧倒的に演奏する場所がある国なんですよね。アメリカと比べても比較にならないんじゃないかな。

鈴木　ジャズが一番盛んな国は日本だしね。でも、そう考えると、なんでジャズ・ミュージシャンは食えなくて、出られるテレビ番組はひとつもないの？って思うよねえ。だけど、喫茶店やレストランに入るとBGMはほとんどジャズなんだよ。おかしいよな。

菅原　俺、あれやめてもらいたいな。お店でジャズ流すのはわれわれに任せて（笑）。

鈴木　まあ、ジャズは一生懸命聴いても感動するし、BGMで聴いても心地いい音楽ということなんだね。幅が広いんだ。

菅原　だけど、俺が迷惑だ（笑）。ジャズはジャズ喫茶で聴いてほしい（笑）。

幸田　東京でも、「ベイシー」型のジャズ喫茶はなくなっているよね。昔は山ほどジャズ喫茶があったけど。あれだけの音と音量でレコードを聴けるというのは特にね。「ベイシー」ももうすぐ五十年？

菅原　そう。二〇二〇年のオリンピックの年で五十年。

幸田　すごいことだよねえ。後継者はいますか？

菅原　いないよ。最後は店を爆破して、証拠隠滅して終わり（笑）。

幸田　「ベイシー」は劇的な最期を迎えると（笑）。

菅原　まあ、僕らはおしまいに近づいているんだよ。

鈴木　そりゃそうだよな。

人生、思わぬことが起きるということだよ

増尾　話を戻すけど、「J」は火事の後、再スタートしたときもまだ今の半分の広さだったんでしょ？

幸田　そうだよ。火事があったときにお世話になったのが赤塚不二夫さんね。その頃は「J」の常連さんというわけではなかったの。それなのに、タモリをはじめ友達がお金を出してくれて始めた店なんだから絶対やめるなって、物心両面で全面的にバックアップしてくれた。後で聞いたんだけど、そのとき不二夫プロダクションは経理の人間に二億円近く横領されて、事務所自体も危なかったときだったんだよ。それなのに、そんなことは一言も言わずに全面的にバックアップしてくれた。人が困っていたら自分がどうなろうと……そういう方だった。とにかく偉い人。こういう人になりたいとは思うものの、ふだんはやはり自分を守ることばっかり考えちゃうよね。「J」が続けられたのは、赤塚さんの存在がとにかく大きい。

菅原　すごい話だな。

鈴木　幸田の人柄にはみんなが「この人を助けてあげなきゃ」と思わせるものがあるんだな（笑）。

幸田　それで火事の後、二〜三年後くらいだったかな、隣にあった店がやめるって言うんで、大家さんが誰か借りる人いませんかねって言ってきたの。うちとは壁で仕切られていたから、それを取り除いて今の広さになった。だけど、その話が出る前に実は赤塚さんが「もし、隣の店が空いたら、壁をぶち抜いて、こっち側は畳で掘り炬燵作って、演奏を聴きたかったら前のほうにいく」みたいな造りはどうだ？って言ってたの。部屋の半分に仕切りを入れて（笑）。それはともかく、実際に壁を取り除こうと言っても、ビルの躯体の壁だったらそんなことできないじゃない。それで調べてみると、なぜかブロックだったんだよね。これはぶち抜いても大丈夫ということで、今の長方形の店内になった。火事の後にはお客さんも三倍くらいに増えていたから、タイミング的にもよかった。火事にあって哀れを誘ったのかな（笑）。だから店を広げてもしばらくの間は毎日満杯で、売上が良い時期が続いたんだ。

鈴木　そういえば、俺ここでパット・メセニーとやったもんね。

幸田　トコちゃん（日野元彦）とね。

鈴木　こんなところで……って言ったら怒られちゃうけどさ（笑）。

幸田　だけど、ほんとよく来てくれたよ。

増尾　なんでここでやることになったんだろ？　誰かが言ったのかな？

幸田　パットが日本のミュージシャンとやりたいって言ってね……。

鈴木　まあ、練習みたいな感じもあったんじゃない。

幸田　パットがやりたいっていうんで、プロモーターの鯉沼（利成）さんが誰かに相談したんじゃないかな。「J」で演奏した二〜三日後には厚生年金ホールでコンサートだったから。「J」に出演してくれたお礼に、コンサート当日にお酒を持って楽屋に行ったんだけど、「僕はお酒をまったく飲まないから」って。この人、まじめな人なんだなって思った。

鈴木　そりゃそうだよ。テーブルに飲み物をこぼしても「ぱっと見せねえ」ってくらいだから（笑）。

幸田　オチがついたね（笑）。まあ、人生、思わぬことが起きるということだよ。予測もしてなかったことが。

鈴木　ここにいる一人一人がみなそうなんだけど、やはり幸田もわれわれにとっていなくちゃいけない人だったわけさ。あなたがいたからこそ、その後の人生の歯車が回ったということがたくさんあるから。ダンモ研にとってもそうだし、日本のジャズ界にとってもそうだし。

増尾　そう思いますね。

幸田　いやあ、そんなこと言ってくれるなんて……夢のようだ。

増尾　僕だって、数年前にここでやったときに、幸田さんがバンドを組んでくれたでしょ。ダンモ研の若い後輩ミュージシャンを集めてくれて。そのときに一緒にやった女の子（永武幹子）のピアノが気に入って、今も一緒に演奏しているからね。

幸田　もうレギュラーでやっているものね。

菅原　で、今、その女性と同棲しているってこと？（笑）

鈴木　増尾はそういう人じゃないんだから。菅原とは違うの（笑）。彼はピュア、君はピュアじゃないから（笑）。

菅原　というわけで、幸田、俺らもなんとかもうしばらく頑張ろうぜ（笑）。

増尾　僕ができることは、お店に来て演奏することだけだけど、できるだけ長く続けてほしいですね。

幸田　そう言ってもらえるのは本当にうれしいよ。

菅原　みんな、もうそんなに長くはないからな（笑）。

「J」年表

	世相	「J」&幸田稔およびジャズ主要関連事項
1933	ドイツ、ヒトラー（ナチス党党首）が首相に就任。国際連盟脱退。アメリカ、ルーズヴェルト大統領就任。「東京音頭」	＊渡辺貞夫生まれる（2月）
1935	美濃部達吉貴族院議員の〈天皇機関説〉が問題化。「明治一代女」「野崎小唄」	＊赤塚不二夫生まれる（9月）
1938	ナチス・ドイツ、オーストリア併合。国家総動員法公布。『麦と兵隊』「人生劇場」「旅の夜風」「支那の夜」	＊ベニー・グッドマンがNY「カーネギー・ホール」でコンサート（1月16日）
1941	東条内閣成立。日本軍、ハワイ真珠湾を奇襲攻撃。対米英宣戦布告（太平洋戦争開戦）。「暁に祈る」	＊ニューヨークのハーレムで『ミントン・ハウスのチャーリー・クリスチャン』が録音される（5月8日、12日）
1942	ミッドウェー海戦において日本海軍、航空戦力に甚大な打撃を受け、制海権を失う。「鈴懸の径」「朝だ元気で」	＊山下洋輔生まれる（2月）＊日野皓正生まれる（5月）＊菅原正二生まれる（10月）
1943	アッツ島玉砕、学徒出陣、カイロ会談。陸軍が「撃ちてし止まむ」のポスター配布。ラジオ小説『宮本武蔵』	＊内閣情報局と内務省が「米英音楽作品蓄音機蓄音盤一覧表」を配布、日本における米英音楽の追放がはかられる（1月）

1944

連合軍、ノルマンディ上陸敢行、ローマ、パリを解放。「ラバウル海軍航空隊」

＊ジャズ・バンドの演奏活動禁止（4月）

1945

ヤルタ会談。米大統領ルーズヴェルト死没、副大統領トルーマンが昇格。ムッソリーニ処刑。ヒトラー自殺、ドイツ無条件降伏。東京大空襲。広島・長崎に原爆投下。十五日正午、玉音放送、日本無条件降伏。連合国軍総司令官マッカーサー元帥、来日。連合国軍総司令部（GHQ）設置、日本は占領下に。財閥解体。一億総懺悔。「同期の桜」「ラバウル小唄」

＊進駐軍放送（WVTR）開始（9月）
＊森田一義（タモリ）生まれる（8月）

1946

日本国憲法公布。「リンゴの唄」

＊幸田稔、豊島区雑司ヶ谷（現・西池袋）に生まれる（3月28日。ほんとうは4月3日） ＊岡崎正通生まれる（2月） ＊鈴木良雄生まれる（3月） ＊増尾好秋生まれる（10月） ＊「日比谷公会堂」で戦後初のジャズ・コンサートが開かれる（10月）

1947

ヤミを拒否した判事が栄養失調のため死亡。「啼くな小鳩よ」「とんがり帽」「星の流れに」

＊幸田稔の妻・瑠美子、香川県善通寺市に生まれる（4月5日） ＊『スイング

ジャーナル』創刊（4月、２０１０年に休刊）

1948
警視庁が犯罪専用電話１１０番設置。『斜陽』、「東京ブギウギ」「憧れのハワイ航路」「異国の丘」
＊日本初のビバップ・バンド、松本伸とイチバン・オクテット活動開始（10月）

1949
湯川秀樹、ノーベル物理学賞を受賞。日本人初のノーベル賞受賞者。アジャパー。６３３４制の実施によって〈駅弁大学〉続々誕生。「青い山脈」「銀座カンカン娘」「夏の思い出」
＊幸田稔、弟・幸田彰生まれる（「J」の創業にも関わった）。

1951
第1回ＮＨＫ紅白歌合戦放送。三原山大爆発。国電桜木町事件。ＮＨＫ、テレビ初の実験実況中継。ユネスコ、日本の正式加盟承認。第1回プロ野球オールスター戦開催。日本航空発足。民間放送（中部日本・新日本）開局。対日講和条約、日米安全保障条約調印。『羅生門』ヴェネチア国際映画祭でグランプリ受賞。日本人初のプロレス試合。『ものの見方について』『武蔵野夫人』、「雪山賛歌」「ミネソタの卵売り」「僕は特急の機関士で」
＊渡辺貞夫上京（4月）

1952
琉球中央政府発足。東京国際航空業務開始。サンフランシスコ講和条約発効。東大ポポロ事件。マジックインキ発売。
＊幸田稔、豊島区立池袋第三小学校入学
＊ジーン・クルーパ・トリオ来日（4月）

1953

『君の名は』〝真知子巻き〟大流行。『風と共に去りぬ』、「テネシー・ワルツ」「リンゴ追分」「お祭マンボ」「赤いランプの終列車」

＊ハンプトン・ホーズが駐留軍の兵士として来日（54年まで）＊ルイ・アームストロングが初来日（12月）

アイゼンハワーが米大統領に。吉田茂首相のバカヤロー発言。うたごえ運動。NHKテレビ本放送を開始。街頭テレビ。粉末合成洗剤ワンダフル発売。赤電話デビュー。『第二の性』『シェーン』、「雪の降る町を」「街のサンドイッチマン」

＊渡辺貞夫がコージー・カルテットに参加（10月）＊JATPが日本公演（11月4日、7日、8日）＊秋吉敏子がオスカー・ピーターソンの推薦で『アメイジング・トシコ・アキヨシ』（Verve）を録音（11月）＊この頃より空前のジャズ・ブームが始まる

1954

ビキニに死の灰。地下鉄丸ノ内線・池袋—御茶ノ水間開通。二重橋事件。ヒロポン中毒。マリリン・モンロー来日。大卒初任給八九二〇円。『ゴジラ』東京来襲。『女性に関する十二章』『潮騒』『七人の侍』『ローマの休日』、「お富さん」「岸壁の母」「原爆許すまじ」

＊伝説の「モカンボ」セッション（7月27〜28日）＊米映画『グレン・ミラー物語』公開

1955

自由民主党結成（55年体制の成立）。トヨペットクラウン発売。神武景気。シネラマ初公開。テレビ受信契約5万台。三種の神器（電気洗濯機・電気冷蔵庫、テレビ）。マンボスタイル、アドバルーン大流行。『広辞苑』『あすなろ物語』

＊守安祥太郎が目黒駅で飛び込み自殺（9月28日）＊早稲田大学ハイソサエティ・オーケストラ発足

『エデンの東』、「月がとっても青いから」「おんな船頭唄」

1956
もはや戦後ではない。日本道路公団発足。南極観測隊宗谷出発。太陽族。愚連隊。通天閣再建。『週刊新潮』創刊。『太陽の季節』『夜と霧』『大菩薩峠』、「ケ・セラ・セラ」「ここに幸あり」「若いお巡りさん」

＊秋吉敏子がバークリー音楽院留学のため渡米。渡辺貞夫がコージー・カルテットのリーダーに（2月、58年に解散）＊米映画『ベニー・グッドマン物語』公開

1957
南極に昭和基地開設。チャタレー裁判。コカ・コーラ、日本での販売開始。ソ連、世界初の人工衛星〈スプートニク号〉の打ち上げに成功。NHK、FM放送を開始。NHK・日本テレビ、カラーテレビ実験放送開始。『挽歌』『楢山節考』『美徳のよろめき』『嵐を呼ぶ男』『戦場にかける橋』『OK牧場の決斗』、「有楽町で逢いましょう」「チャンチキおけさ」「バナナ・ボート」「東京だよおっ母さん」「喜びも悲しみも幾歳月」「東京のバスガール」

＊ベニー・グッドマン楽団来日（1月）

1958
売春防止法発効。ロカビリー大ブームに（山下敬二郎、平尾昌章、ミッキーカーチス）。長嶋茂雄、巨人軍入団。東京タワー開場。1万円札発行。神戸にダイエー開店。ミッチーブーム。初のインスタントラーメン〈チキンラーメン〉発売。『人間の条件』『氷壁』『忠臣蔵』『十戒』、「かんごく

＊幸田家、西池袋より板橋区徳丸に転居。幸田稔、板橋区立赤塚第一中学校入学。また全国珠算競技大会・種目別「読上げ算」で全国2位 ＊ジョージ川口ビッグ・フォーに渡辺貞夫が参加し、ビッ

ロック」「夕焼けとんび」「星は何でも知っている」

グ・フォー＋1に（6月）

1959

岩戸景気。NHK教育テレビ開局。ダットサンブルーバード発売、マイカー時代到来。最低賃金法施行。伊勢湾台風。メートル法実施。皇太子ご成婚、ミッチーブーム。日本レコード大賞制定。『少年サンデー』、『少年マガジン』創刊。『論文の書き方』『私本太平記』『リオ・ブラボー』『北北西に進路を取れ』『ベン・ハー』、「黄色いサクランボ」「黒い花びら」「僕は泣いちっち」

＊渡辺貞夫が『スイングジャーナル』の人気投票「アルト・サックス部門」で初の1位に（5月）

1960

カラーテレビ本放送開始。日本初のクレジットカード会社設立。ダッコちゃん。所得倍増計画。60年安保闘争。『性生活の知恵』『頭のよくなる本』『どくとるマンボウ航海記』『私は赤ちゃん』『名もなく貧しく美しく』『チャップリンの独裁者』『太陽がいっぱい』『サイコ』、「アカシアの雨が止むとき」「誰よりも君を愛す」「潮来笠」

＊幸田稔、赤塚第一中学校で生徒会会長になる。東京「第4学区弁論大会」で優勝

1961

アメリカでケネディ大統領就任。東ドイツ、ベルリンに壁を構築。女子大生亡国論。『宴のあと』プライバシー裁判。テレビ普及一千万台突破。『シャボン玉ホリデー』『英語に強くなる本』『記憶術』『砂の器』『何んでも見てやろう』『椿三十郎』『用心棒』『銀座の恋の物語』『荒野の七人』『ウエ

＊幸田稔、東京都立第一商業高校入学。ブラスバンド部に入部し、クラリネットを担当　＊アート・ブレイキー&ザ・ジャズ・メッセンジャーズ初来日（1月）　＊渡辺貞夫が初リーダー作『Sadao Wat

スト・サイド物語』『風と共に去りぬ』、「上を向いて歩こう」「君恋し」「王将」「おひまなら来てね」

anabe』（キング）を録音（8月）

1962

常磐線三河島駅で死者一六〇人の大惨事。堀江謙一の太平洋横断ヨット航海成功。北陸トンネル開通。東京の人口一千万人を突破。インスタントみそ汁登場。『おそ松くん』『ひみつのアッコちゃん』連載開始。『易入門』『手相術』『徳川家康』『算数に強くなる』『天国と地獄』『ニッポン無責任時代』『史上最大の作戦』『駅馬車』、「可愛いベイビー」「いつでも夢を」「下町の太陽」

＊「銀巴里」で「新世紀音楽研究所」の活動がスタート　＊幸田稔、渡辺貞夫が自身の小遣いで最初に買ったレコードを譲り受ける（2月21日）　＊渡辺貞夫バークリー音楽院留学（8月、65年に帰国）
＊早稲田大学モダンジャズ研究会、学校の公認サークルとして発足

1963

吉展ちゃん誘拐事件。ケネディ大統領暗殺。初の日米宇宙中継。巨人、大鵬、玉子焼き。三ちゃん農業。名神高速道路全通。三井三池炭鉱でガス爆発。力道山、暴力団員に刺される。「スキヤキソング」全米で百万枚の大ヒット。FM放送開始。『物の見方考え方』『青い山脈』『太平洋ひとりぼっち』『アラビアのロレンス』『クレオパトラ』『大脱走』『鳥』、「こんにちは赤ちゃん」「見上げてごらん夜の星を」「高校三年生」

＊アート・ブレイキー&ザ・ジャズ・メッセンジャーズ2度目の来日（1月、幸田稔「サンケイホール公演」に行き衝撃を受ける）　＊幸田稔、この年高校三年生。

1964

OECDに正式加盟。新潟大地震。東海道新幹線開通。よみうりランド開園。トヨタ、日産ともに月産1万台ベース

＊幸田稔、早稲田大学政治経済学部政治学科に入学。モダンジャズ研究会に入部

に。東京五輪。ウルトラＣ。『平凡パンチ』創刊。『アンネの日記』『にっぽん昆虫記』『愛と死を見つめて』『カムイ伝』『サイボーグ００９』『マイ・フェア・レディ』『００７／ゴールドフィンガー』『シャレード』、「幸せなら手をたたこう」「アンコ椿は恋の花」「学生時代」

しアルトサックスを担当　＊鈴木良雄、岡崎正通、モダンジャズ研究会に入部　＊菅原正二、ハイソサエティ・オーケストラに入部　＊「第1回世界・ジャズ・フェスティヴァル」開催（7月）

1965

アメリカ軍のベトナム北爆開始。ベ平連（小田実、開高健、鶴見俊輔）。日本初の商用電子力発電（東海村）。朝永振一郎博士がノーベル賞受賞。シンザン初の五冠馬に。みどりの窓口登場。『11ＰＭ』放送開始。『白い巨塔』『氷点』『赤ひげ』『網走番外地』『墓場鬼太郎』『マイ・フェア・レディ』『サウンド・オブ・ミュージック』、「愛して愛して愛しちゃったのよ」「君といつまでも」「柔」

＊増尾好秋、森田一義（タモリ）、モダンジャズ研究会に入部。＊渡辺貞夫アメリカ留学から帰国（11月）。その1週間後、幸田稔のオファーを受け早稲田祭（サークルの教室）に出演　＊ＴＢＳ大学対抗バンド合戦コンボ部門で、モダンジャズ研究会がこの年より3年連続で優勝する

1966

ボーイング７２７羽田沖に墜落。日本の人口一億人を突破。アメリカ軍ハノイ爆撃。中国で文化大革命。ビートルズ初来日。３Ｃ（カラーテレビ、カー、クーラー）の新三種の神器。いざなぎ景気始まる。『ウルトラマン』登場。『週刊プレイボーイ』創刊。『五味マージャン教室』『若大将シリーズ』『巨人の星』『魔法使いサリー』『メリー・ポピンズ』、「バラが咲いた」「星影のワルツ」「星のフラメンコ」「悲し

＊三大学モダンジャズ鑑賞連盟、コルトレーンにインタビュー（7月）　＊ジョン・コルトレーン日本公演（7月、幸田稔、同月18日「東京厚生年金会館」で聴く）　＊エルヴィン・ジョーンズが「ピットイン」で約1カ月間にわたり日本人ミュージシャンとセッション　＊幸田稔、

「い酒」「夢は夜ひらく」「こまっちゃうナ」「想い出の渚」

モダンジャズ研究会のレギュラーバンドのメンバーとして春と夏各1カ月の全国演奏旅行に参加。

1967

ケロヨン、リカちゃん人形ブーム。GSブーム。ボイン。アングラ。『天才バカボン』、『もーれつア太郎』連載開始。『頭の体操』『英単語記憶術』『姓名判断』『俺たちに明日はない』『黒部の太陽』『日本のいちばん長い日』、「この広い野原いっぱい」「夜霧よ今夜もありがとう」「ブルー・シャトー」「世界は二人のために」「帰ってきたヨッパライ」

＊渡辺貞夫、タクトレコード第1弾として『ジャズ&ボッサ』発売（2月）＊日野皓正が『スイングジャーナル』の人気投票「トランペット部門」で初の1位に（5月）＊ジョン・コルトレーン死去（7月17日）＊幸田稔、モダンジャズ研究会のバンドで、渋谷百軒店のライヴハウス「オスカー」に毎週末出演、毎回超満員となる

1968

三里塚闘争始まる。チェコでプラハの春。初の超高層ビル、霞が関ビル竣工。川端康成、ノーベル文学賞受賞。三億円事件。小笠原返還。ニクソンが米大統領に。郵便番号制開始。『少年ジャンプ』創刊。『民法入門』『刑法入門』『竜馬がゆく』『ハレンチ学園』『あしたのジョー』『タイガーマスク』『風林火山』『連合艦司令長官　山本五十六』『卒業』『猿の惑星』『2001年宇宙の旅』、「伊勢佐木町ブルース」「天使の誘惑」「恋の季節」「三百六十五歩のマーチ」「ブル

＊幸田稔、学生最後の演奏旅行（3月）。高松発の鈍行列車内で妻・瑠美子と運命の出会いを果たす　＊渡辺貞夫が単身で「ニューポート・ジャズ・フェスティヴァル」に出演（7月）＊幸田稔、大学卒業→片倉工業に入社

ーライト・ヨコハマ」

1969

東大安田講堂事件。アポロ11号、人類初の月面着陸。セブンスター発売。ママレンジ発売。東京駅八重洲大地下街完成。『男はつらいよ』シリーズ開始。『サザエさん』放送開始。『都市の論理』『赤頭巾ちゃん気をつけて』『ドラえもん』『イージー・ライダー』『明日に向って撃て!』『真夜中のカーボーイ』、「白いブランコ」「長崎は今日も雨だった」「時には母のない子のように」「夜明けのスキャット」「ある日突然」「フランシーヌの場合」「恋の奴隷」「いいじゃないの幸せならば」「人形の家」「黒ネコのタンゴ」

＊増尾好秋、鈴木良雄を加えた渡辺貞夫のニュー・カルテットが活動開始　＊ニッポン放送『ナベサダとジャズ』始まる(72年まで。ディレクター:岡崎正通)　＊山下洋輔が早稲田大学4号館バリケード内で演奏(7月)　＊幸田稔、三重県の志摩の海で溺れ、九死に一生を得る(8月)

1970

大阪で日本万国博覧会。太陽の塔。よど号ハイジャック事件。日米安保条約自動延長。三島由紀夫割腹自殺。歩行者天国出現。ウーマンリブ。『ａｎａｎ』創刊。『誰のために愛するか』『スパルタ教育』『昭和残俠伝　死んで貰います』『戦争と人間』『ひまわり』、「世界の国からこんにちは」「走れコウタロー」「白い蝶のサンバ」「圭子の夢は夜ひらく」「経験」「知床旅情」「戦争を知らない子供たち」

＊幸田稔、「初詣・大阪港〜九州客船ツアー」自己のバンドで出演(1月)　＊幸田稔、銀座「ジャンク」で日曜昼に社会人バンドのメンバーとして出演　＊菅原正二が岩手県一関に「ベイシー」を開店

1971

大久保清事件。環境庁発足。岩手県雫石で自衛隊機と全日空機が空中衝突。ドルショック。円の変動相場制移行。ボウリングブーム、中山律子人気。『ゆく年くる年』放送開始。大映倒産。『仮面ライダー』、『ルパン三世』。『冠婚葬祭入門』『HOW TO SEX』『二十歳の原点』『三国志』『空手バカ一代』『バビル2世』、『ある愛の詩』『栄光のル・マン』『小さな恋のメロディ』、「また逢う日まで」「よこはま・たそがれ」「わたしの城下町」「17才」「虹と雪のバラード」「雨の御堂筋」

＊幸田稔、妻・瑠美子と結婚（4月3日、旧「迎賓館」にて）。森田一義（タモリ）が披露宴の後半の司会を担当）＊増尾好秋渡米（6月、その後もニューヨークを拠点に活躍）

1972

ウォーターゲート事件。札幌冬季オリンピック。あさま山荘事件。日中国交樹立。沖縄返還。横井庄一さん31年ぶり帰国。俗悪番組追放運動始まる。『ぴあ』創刊。『デビルマン』、『太陽にほえろ!』。『恍惚の人』『日本列島改造論』『般若心経入門』『ドカベン』『ベルサイユのばら』『漂流教室』『ゴッド・ファーザー』、「岸壁の母」「学生街の喫茶店」「旅の宿」「太陽がくれた季節」「どうにもとまらない」「喝采」

＊幸田稔、長男・直人生まれる。この年から、会社の営業職として全国各地に出張を繰り返す。＊タモリ、タカクラホテル福岡で山下洋輔、中村誠一、森山威男と奇跡の出会い

1973

ベトナム和平協定成立。まぐろ、かじきから水銀検出、汚染騒動。金大中事件。オイルショック。江崎玲於奈博士ノーベル物理学賞受賞。〈ごきぶりホイホイ〉発売。キヨス

＊幸田稔、勤務先である（株）ニチビの労働組合副委員長に就任。＊増尾好秋、ソニー・ロリンズのグループに加入　＊

ク開業。コインロッカーベイビー社会問題化。井上陽水「氷の世界」初のミリオンセラー。『日本沈没』『仁義なき戦い』『ブラックジャック』『包丁人味平』『はだしのゲン』『ポセイドン・アドベンチャー』『ジョニーは戦場へ行った』、「神田川」「狙いうち」「他人の関係」「ジョニィへの伝言」「赤い風船」「危険なふたり」「てんとう虫のサンバ」

鈴木良雄渡米（10月）

1974

小野田少尉生還。ユリ・ゲラー。中ピ連。長嶋茂雄引退。『宇宙戦艦ヤマト』発進！『砂の器』『華麗なる一族』『ノストラダムスの大予言』『かもめのジョナサン』『あのねのね』『がきデカ』『エクソシスト』『燃えよドラゴン』『パピヨン』『スティング』、「襟裳岬」「二人でお酒を」

＊幸田稔、関西出張のたびに「梅田花月」「京都花月」に入り浸り、笑いのツボを習得？？

1975

ベトナム戦争終結。国鉄動労の72時間スト。沖縄海洋博覧会。赤軍派クアラルンプール襲撃事件。三億円事件時効成立。紅茶キノコ。エリザベス女王来日。『元祖天才バカボン』放送開始。『JJ』創刊。『複合汚染』『欽ドンいってみようやってみよう』『眼がどんどんよくなる』『伊豆の踊子』『トラック野郎　御意見無用』『タワーリング・インフェルノ』『大地震』『エマニュエル夫人』、「プレイバックＰａｒｔ２」〝バカにしないでよ〟、「港のヨーコ・ヨコハマ・ヨコスカ」〝あんたあの娘のなんなのさ〟、「シクラメンのか

＊タモリ上京、赤塚不二夫と出会う　＊鈴木良雄、アート・ブレイキー&ザ・ジャズ・メッセンジャーズに加入（2年間在籍）＊幸田稔、初の海外出張（初の飛行機）3週間（11月）、旅程はメキシコ、カナダ、アメリカ・ニューヨーク（鈴木良雄に会う）、ノースカロライナ、サンフランシスコ、ハワイ（この時に滞在していたホテルで大きな地震に見舞われ驚

ほり」「時の過ぎゆくままに」「およげ！たいやきくん」「木綿のハンカチーフ」

く。キラウェア火山の噴火によるものだった）

1976

ロッキード疑獄で田中角栄前首相逮捕。『こち亀』『ガラスの仮面』『まことちゃん』連載開始。『タモリのオールナイトニッポン』放送開始（83年まで）。『限りなく透明に近いブルー』『青春の門』『知的生活の方法』『火宅の人』『犬神家の一族』『ジョーズ』『オーメン』『カッコーの巣の上で』『タクシー・ドライバー』、「北の宿から」「春一番」「ペッパー警部」

＊渡辺貞夫リサイタル（10月19日）が「第31回芸術祭大賞」を受賞

1977

二〇〇カイリ漁業水域設定。日本赤軍ダッカハイジャック。有珠山噴火。世界初のＰＣ〈APPLE II〉発売。キャンディーズ〝普通の女の子に戻りたい〟が戻れず。ピンクレディー大ブームに。『エーゲ海に捧ぐ』『銀河鉄道９９９』『人間の証明』『八つ墓村』『八甲田山』〝天は我々を見放した〟『ロッキー』『ルーツ』、「津軽海峡冬景色」「勝手にしやがれ」「ＵＦＯ」

＊「ライヴ・アンダー・ザ・スカイ」始まる（92年まで）＊渡辺貞夫、第二回「南里文雄賞」を受賞

1978

池袋サンシャイン60開館。日中平和友好条約調印。新東京国際空港（現成田国際空港）開港。江川卓〝空白の一日〟騒動。インベーダーゲームが大ブーム。サザンオールスタ

＊「Ｊ」の店主ジミー金澤死去（8月）。幸田稔、森田一義（タモリ）、佐々木良廣を中心に設立されたノースウエスト・

ーズがデビュー。『不確実性の時代』『海を感じる時』『野生の証明』『うる星やつら』『さらば宇宙戦艦ヤマト』『スター・ウォーズ』『未知との遭遇』『サタデー・ナイト・フィーバー』、「カナダからの手紙」「Mr.サマータイム」「サウスポー」。

エンタープライズが「J」の営業権を買い取り、幸田を店主とした新生「J」がオープン（10月20日）＊渡辺貞夫『カリフォルニア・シャワー』が大ヒット＊ラジオたんぱ『テイスト・オブ・ジャズ』が「J」で公開録音。演奏は古澤良治郎（ds）グループ＋丸山繁雄（vo）。番組ディレクターは小西啓一

1979

ソ連、アフガニスタン介入。ウォークマン発売。共通一次試験開始。『機動戦士ガンダム』、『3年B組金八先生』。『キン肉マン』連載開始。『天中殺入門』『ジャパン・アズ・ナンバーワン』『四季・奈津子』『頭のいい税金の本』『あゝ野麦峠』『エイリアン』、「魅せられて」「関白宣言」「異邦人」「大都会」「贈る言葉」

＊「鈴木良雄 帰国セッション at 〝J〟」（4月20日、ラジオたんぱ収録）＊ニッポン放送『タモリのオールナイトニッポン』が「J」から生放送（6月、12月）。演奏は丸山繁雄（vo）＋本多俊之（sax）グループ、ネイティヴ・サン。番組ディレクターは岡崎正通 ＊赤塚不二夫が「J」初来店（「週刊平凡」でのタモリとの取材で）＊「〝J〟クリスマスパーティー」（品川プリンスホテル）＊『下落合焼とりムービー』公開

1980

新宿バス放火事件。山口百恵結婚。ルービックキューブ。ジョン・レノン射殺。『BRUTUS』創刊。『Dr.スランプ』『蒼い時』『ツービートのわッ毒ガスだ』『項羽と劉邦』『影武者』『戦国自衛隊』『地獄の黙示録』『クレイマー、クレイマー』、「TOKIO」「ダンシング・オールナイト」「雨の慕情」「昴」「哀愁でいと」「青い珊瑚礁」「恋人よ」

＊「J」、原因不明の火災に見舞われる（2月7日）。赤塚不二夫が再建委員長として尽力。4月1日（エイプリルフール）に再開、「焼け酒パーティー」を行う（火事で焼けて真っ黒になったボトルで乾杯する）＊渡辺貞夫、日本人ジャズ・ミュージシャンとして初の単独「日本武道館」公演

1981

ロッキード裁判。蜂の一刺し。ロス疑惑騒動。スペースシャトル〈コロンビア〉初打ち上げ。日米自動車摩擦。『FOCUS』創刊。『窓ぎわのトットちゃん』『なんとなくクリスタル』『アクションカメラ術』『タッチ』『キャプテン翼』『北の国から』『うる星やつら』『オレたちひょうきん族』『連合艦隊』『典子は、今』『エレファント・マン』『ブルース・ブラザース』、「ルビーの指輪」「長い夜」「守ってあげたい」「もしもピアノが弾けたなら」

＊フジテレビ『小川宏ショー』が「J」で収録（6月、出演：タモリ、頼近美津子）＊フジテレビ『スター千一夜』が「J」で収録（6月、出演：タモリ、フランク永井、阿川泰子、司会：神津カンナ）＊TBS『すばらしき仲間』が「J」で収録（〝タモリ対恐怖の奇才集団〟出演：タモリ、赤塚不二夫、山下洋輔、坂田明、中村誠一、三上寛、長谷川法世。2週にわたってオンエアされた）＊映画『のようなもの』（森田芳光デビュー作）のロケで「J」使用。幸田稔、本

人役で出演を果たす ＊タモリ、NTV『今夜は最高！』放送開始

1982

コピーライターブーム〝おいしい生活〟。五百円硬貨発行。フォークランド紛争。ソニーがCDプレーヤーを発売。テレホンカード登場。ホテルニュージャパン火災。羽田沖日航機墜落事故。『プロ野球を10倍楽しく見る方法』『悪魔の飽食』『気くばりのすすめ』『セーラー服と機関銃』『鬼龍院花子の生涯』『大日本帝国』『E.T.』『ブッシュマン』、「赤いスイートピー」「チャコの海岸物語」「い・け・な・いルージュマジック」「聖母たちのララバイ」「待つわ」

＊「ニューポート・ジャズ・フェスティバル・イン・斑尾」始まる（断続的に二〇〇三年まで）＊幸田稔、豊田有恒一家らとのタイ旅行で〝バードマン〟となる ＊幸田稔、日活ロマンポルノ『人妻いじめ』に出演要請あるも断る（ただし、音楽では参加）＊幸田稔、徳島「阿波踊りヨットレース前夜祭」に、バードマン幸田オールスターズで出演（8月、その後も2年ごとに計10回参加）＊タモリ、フジテレビ『笑っていいとも！』、テレビ朝日『タモリ倶楽部』放送開始。

1983

東京ディズニーランド開業。任天堂ファミリーコンピュータ発売。戸塚ヨットスクール事件。三宅島大噴火。NHK連続テレビ小説『おしん』大ヒット。『積木くずし』『佐川君からの手紙』『北斗の拳』『美味しんぼ』『金曜日の妻たちへ』『ふぞろいの林檎たち』『スチュワーデス物語』『南極物語』『楢山節考』『E.T.』『フラッシュダンス』『ラン

＊新宿駅東口ステーション・スクエアで行われた「ギネスに挑戦 ジャズマラソン」にて「J」バンドが100時間5分の記録を達成。番組ゲスト：タモリ、赤塚不二夫、ジョージ川口他（8月）＊隣の店舗を買収、「J」客席倍増！（10月）

ボー』『愛と青春の旅だち』、「矢切の渡し」「想い出がいっぱい」「探偵物語」「キャッツ・アイ」「ワインレッドの心」「スリラー」

1984

グリコ森永事件。ロス五輪。まるきん・まるび。ブレイクダンス。エリマキトカゲ。宮崎駿『風の谷のナウシカ』公開。『北斗の拳』『里見八犬伝』『メインテーマ』『第四の核』『DRAGON BALL』『インディ・ジョーンズ　魔宮の伝説』、「涙のリクエスト」「Rock'n Rouge」「雨音はショパンの調べ」「十戒」

＊NHK-FMが「開局15周年特番」として「J」でのライヴを生放送。演奏は霧生トシ子（p）グループ。ゲスト：赤塚不二夫、山本晋也（3月1日）＊小野リサ、「J」で初演奏（9月、以後8年近くレギュラー出演）＊「〝J〟6周年パーティー」。企画：赤塚不二夫、出演：中村誠一カルテット、大橋美加、神田香織他多数　＊森田一義取締役より城が崎海岸の別荘を譲り受け保養所とする

1985

NTTとJT発足。日航ジャンボ機、御巣鷹山に墜落。阪神タイガース初の日本一。たばこ広告規制始まる。プラザ合意でバブル景気へ。カエルコール。夕やけニャンニャン。『アイアコッカ』『ビルマの竪琴』『スクール☆ウォーズ』『ゴーストバスターズ』、「Romanticが止まらない」「翼の折れたエンジェル」「恋におちて」「フレンズ」

＊ギャラリー「J」がスタート。毎月、絵画・写真・造形などの作品を展示　＊レイ・ブライアント、「J」で初のソロライブ（5月）＊たこ八郎、真鶴の海で死去（7月24日）＊「〝J〟まるごと東北ツアー」＊「〝J〟7周年パーティー」。出演：ヨーコ・サイクス、小野リサ、

斉藤ひろみトリオ、赤塚不二夫、タモリ他（11月22日）

1986

チェルノブイリ原発事故。スペースシャトル〈チャレンジャー〉爆発事故。ドラゴンクエスト発売。東京で宅配ピザ登場。三原山大噴火。細木数子ブーム。富士フィルム〈写ルンです〉発売。新人類。ビックリマンシール。朝シャン。ブーニン・フィーバー。亭主元気で留守がいい。『YAWARA!』『ちびまる子ちゃん』『子猫物語』『植村直己物語』『バック・トゥ・ザ・フューチャー』、「My Revolution」「DESIRE」「シーズン・イン・ザ・サン」「CHA-CHA-CHA」

＊幸田稔、この年にスタートした郵便はがき「かもめーる」のＣＭで星野仙一と共演　＊「神田香織&バードマン幸田〝J〟バンド・ジャズ講談ツアー」（6月、名古屋、豊橋、岡谷）　＊「〝J〟上海ツアー」（中村誠一カルテット）、東北ツアー（「J」バンド）（8月）　＊「マウント・フジ・ジャズ・フェスティバル」始まる（8月、２００４年まで）　＊「J」、レイ・ブライアントのソロ・ライヴ（10月）　＊「J」、テレビ東京『ミッドナイト・ジャム』を放送（10月〜翌年3月にかけて5回の放送）　＊「〝J〟まるごと夏の東北ツアー」

1987

国鉄解体でＪＲに。バブル経済始まる。利根川進ノーベル医学生理学賞。ブラックマンデー。大韓航空機爆破テロ事件。パソコン通信「ニフティサーブ」開始。テレビの24時間放送始まる。『サラダ記念日』『ビジネスマンの父より息

＊「J」、チェット・ベイカー来店（6月）　＊幸田稔、ＮＴＶ『Select Live in Jazz』に企画・コーディネーターとして参加（10月より23週にわたってオンエア）

子への30通の手紙』『塀の中の懲りない面々』『MADE IN JAPAN』『ジョジョの奇妙な冒険』『動物のお医者さん』『マルサの女』『私をスキーに連れてって』『トップ・ガン』『アンタッチャブル』『プラトーン』、「雪国」「命くれない」「STAR LIGHT」

＊幸田稔、山梨放送で生放送された「小野リサグループ」ライヴ（清里特設ステージ）をコーディネート

1988

瀬戸大橋開通。青函連絡船廃止。ペレストロイカ。リクルート事件。東京ドーム落成。しょうゆ顔・ソース顔。ドラクエブーム。トレンディードラマ。渋カジ。『こんなにヤセていいのかしら』『ノルウェイの森』『ゲームの達人』『寄生獣』『敦煌』『帝都物語』『ラストエンペラー』『危険な情事』、「乾杯」

＊幸田稔、狭心症で緊急入院　＊「J」10周年　＊チェット・ベイカー死去（5月13日）　＊幸田稔、「九州ジャズコンテスト」（全7カ所）で審査委員長を務める（7〜8月）

1989

昭和天皇崩御、「平成」始まる。消費税（3%）。ベルリンの壁崩壊。天安門〝虐殺〟事件。NHK、BS放送開始。日経平均株価が史上最高値を記録。オバタリアン。三高。24時間タタカエマスカ。美空ひばり死去。TBS『ベストテン』放送終了。『SLAMDUNK』『魔女の宅急便』『レインマン』『ブラック・レイン』『ダイ・ハード』、「DIAMONDS」「17才」「夢の中へ」

＊昭和天皇崩御にともない、各方面で自粛が続いたが「J」はライヴを連日敢行　＊森田芳光監督作『愛と平成の色男』が「J」で三日間のロケ。幸田稔、マスター役で出演（5月）　＊「〝J〟10周年記念パーティー」（6月、東京厚生年金会館ロイヤルホール）　＊幸田稔、信越放送『武田徹のつれづれ散歩道』（生放送）にゲスト出演（9月）

1990

東西ドイツ統一。大学入試センター試験導入。秋山さん日本人初宇宙飛行。出生率1・57。小中で〈日の丸・君が代〉義務化。バブル経済。地上げ。イタめし。イカ天ブーム。『ちびまる子ちゃん』放送開始。『愛される理由』『「NO」と言える日本』『文学部唯野教授』『幽遊白書』『天と地と』『ゴースト　ニューヨークの幻』『7月4日に生まれて』『フィールド・オブ・ドリームス』、「おどるポンポコリン」「浪漫飛行」「さよなら人類」

＊アート・ブレイキー死去（10月16日）
＊TV東京『タモリの音楽は世界だ！』放送開始

1991

バブル崩壊。ソ連邦解体。湾岸戦争勃発。雲仙普賢岳噴火。JR自動改札機導入。牛肉、オレンジ輸入自由化。オートマ車限定免許新設。東京の電話局番が4桁に。紺ブレ。『water fruit』ヘアヌード写真集ブーム。『もものかんづめ』『だから私は嫌われる』『ホーキングの最新宇宙論』『羊たちの沈黙』『東京ラブストーリー』『101回目のプロポーズ』〝僕は死にましぇ～ん〟、『ホーム・アローン』『プリティ・ウーマン』『ターミネーター2』、「ラブ・ストーリーは突然に」「どんなときも」「愛は勝つ」「SAY YES」

＊「〝J〟13周年記念パーティー」（3月、東京厚生年金会館ロイヤルホール）
＊マイルス・デイヴィス死去（9月28日）
＊「J」、渡辺貞夫ライヴ（10月）

1992

ＭＤ（ミニディスク）登場。気圧単位「mb」から「hPa」へ。大相撲・若貴フィーバー。星稜・松井五打席連続敬遠。就職氷河期始まる。冬彦さん。尾崎豊死去。『清貧の思想』『美少女戦士セーラームーン』『氷の微笑』『美女と野獣』、「悲しみは雪のように」「君がいるだけで」「涙のキッス」

＊パット・メセニー、「Ｊ」でシークレットライヴ（1月）＊「Ｊ」、森高千里のプロモーションビデオ撮影（3月）＊幸田稔、沼津市主催「サンセットページェント at 沼津」（千本浜公園）にバードマン幸田オールスターズで出演。

1993

徳仁皇太子、小和田雅子さん結婚の儀。自民党55年体制崩壊。レインボーブリッジ開通。米不足。プロ野球ＦＡ制導入。Ｊリーグ開幕。ＥＵ発足。ジュリアナ東京。ビーイング系列チャート席捲。『磯野家の謎』『マディソン郡の橋』『清貧の思想』『日本改造計画』『生きるヒント』『ジュラシック・パーク』『ボディガード』、「負けないで」「YAH YAH YAH」「夏の日の１９９３」

＊「新宿ジャズ・ストリート」開催（3月、3カ所で同時開催）。「Ｊ」では、ナーミ・カセブ・トリオ、福村博グループ＋酒井俊が出演 ＊幸田稔、山形市「十日町一番街〝ジャズ・ストリート〟」にバードマン幸田オールスターズで出演

1994

大江健三郎ノーベル文学賞。自・社・さきがけ連立内閣。松本サリン事件。向井千秋、日本女性初宇宙飛行。プレイステーション発売。ＳＭＡＰ人気着火。『大往生』『遺書』『「超」整理法』『るろうに剣心』『名探偵コナン』『平成狸合戦ぽんぽこ』『家なき子』〝同情するなら金をくれ〟、『シンドラーのリスト』『めぐり逢えたら』、「空と君のあいだに」

「innocent world」「恋しさと せつなさと 心強さと」

（9月）＊NHK・BSドキュメンタリー『48年目の遺書～作家・野坂昭如の戦後～』における秋吉敏子のジャズ演奏を「J」にて収録（オンエアは8月13日）

1995

阪神淡路大震災。地下鉄サリン事件。Windows 95。PHS。『男はつらいよ』シリーズ終了。小室サウンドが席捲。THE BLUE HEARTS解散。『新世紀エヴァンゲリオン』『ソフィーの世界』『パラサイト・イヴ』『フォレスト・ガンプ』『スピード』、「Tomorrow never knows」「ロビンソン」「LOVE LOVE LOVE」「WOW WAR TONIGHT」

＊幸田稔、『タモリの音楽は世界だ！』に解答者として出演（5月）

1996

イギリス狂牛病騒動。小選挙区比例代表並立制で初の選挙。使い捨てカメラ〈写ルンです〉発売。羽生善治が史上初将棋7冠。『ロンバケ』でキムタク大ブレイク。安室奈美恵大ブレイク、アムラー出現。ルーズソックス。『脳内革命』『「超」勉強法』『神々の指紋』『弟』『Shall we ダンス？』『セブン』、「DEPARTURES」「そばかす」「アジアの純真」「イージュー★ライダー」

1997

香港が中国に返還。拓銀・山一倒産。消費税率3％→5％。東京湾アクアライン開通。臓器移植法成立。ヒツジ体細胞からクローンを作製。酒鬼薔薇聖斗・神戸連続児童殺傷事件。たまごっち。裏原宿。『失楽園』『少年H』『7つの習慣』『鉄道員』『ONE PIECE』『踊る大捜査線』『もののけ姫』『インデペンデンス・デイ』、「CAN YOU CELEBRATE?」「硝子の少年」。

1998
長野オリンピックのスキージャンプ団体で金〝舟木ぃ〜〟。和歌山毒入りカレー事件。サッカーW杯仏大会・日本初出場。ヴィジュアル系バンドブーム。コギャル。ガングロ。椎名林檎、ゆず、aikoデビュー。『大河の一滴』『ダディ』『バガボンド』『リング』『ポケットモンスター　ミュウツーの逆襲』『タイタニック』『プライベート・ライアン』、「長い間」「夜空ノムコウ」

＊「J」20周年　＊赤塚不二夫、紫綬褒章受章。

1999
NTT分割。東海村原発臨界事故。改正住民基本台帳法成立。米輸入関税化。65歳以上人口2千万人超。ケータイのインターネット・eメール開始。着メロ。音楽CD生産金額減少。渋谷109。カリスマ店長。宇多田ヒカルのデビューアルバム「First Love」空前の大ヒット。『五体不満足』『日本語練習帳』『本当は恐ろしいグリム童話』『20世紀少年』『BECK』『NARUTO』『マトリックス』『シックス・センス』、「だんご3兄弟」

＊幸田稔『朝日カルチャーセンター』「バードマン幸田のジャズ入門講座」（4月に3日にわたって実施）

2000

今や全く見かけない〈新二千円札〉発行。シドニー五輪。介護保険法施行。民事再生法施行。カメラ付き携帯電話。三宅島火山噴火。金融庁発足。そごう倒産。西鉄バスジャック事件。IT革命。『ハリー・ポッター』『だから、あなたも生きぬいて』『話を聞かない男、地図が読めない女』『JIN-仁-』『NANA』『ハチミツとクローバー』、「TSUNAMI」「桜坂」「らいおんハート」

＊「J」、「ジミー金澤二十三回忌の集まり@J」開催。山下洋輔他出席（8月）。

＊大野雄二トリオ@Jがスタート（8月）現在に至る。

2001

米国同時多発テロ。USJ・TDS開業。狂牛病（BSE）。マイカル倒産。iPod発売。ETC導入。セブンイレブンが店内ATM設置。『チーズはどこへ消えた？』『金持ち父さん貧乏父さん』『プラトニック・セックス』『バトル・ロワイアル』『のだめカンタービレ』『鋼の錬金術師』『千と千尋の神隠し』『陰陽師』『パール・ハーバー』、「Can You Keep A Secret?」「ultra soul」「Lifetime Respect」「アゲハ蝶」

＊『おとなぴあ』で「J」取材（山下洋輔、タモリ）

2002

欧州通貨統一。公立学校完全週五日制。サッカーW杯日韓共催。小柴昌俊ノーベル物理学賞、田中耕一ノーベル化学賞。スイス国連加盟。新丸ビル開業。『生きかた上手』『声に出して読みたい日本語』『世界がもし100人の村だったら』『モンスターズ・インク』『ロード・オブ・ザ・リング』、「ワダツミの木」「H」「Life goes on」。

2003

イラク戦争、大量破壊兵器見つからず。日本郵政公社発足。東海道新幹線品川駅開業。『世界の中心で、愛をさけぶ』『バカの壁』『DEATH NOTE』『パイレーツ・オブ・カリビアン／呪われた海賊たち』、「世界に一つだけの花」「さくら」「虹」「Jupiter」

＊名古屋テレビ『テレメンタリー ドクタージャズ』内田修とタモリの対談、「J」で収録（2月25日）＊幸田稔の父・政男亡くなる（9月23日、享年86歳）

2004

配偶者特別控除廃止。裁判員制度法成立。年金法成立。著作権法改正。携帯、PHS普及率68・7%。北島康介、アテネで金〝チョー気持ちいい〟。日本プロ野球史上初のスト。イチロー、MLBシーズン歴代最多安打。新潟県中越地震。楽天がプロ野球新規参入。『蹴りたい背中』『13歳のハローワーク』『銀魂』『ハウルの動く城』『ラストサムライ』『ファインディング・ニモ』、「瞳をとじて」「Sign」

＊NTV『素顔が一番』、「J」で収録。出演：春風亭小朝、山本文朗

2005

小泉劇場。愛・地球博。個人情報保護法施行。JR福知山線脱線事故。耐震強度偽装問題。ディープインパクトが三冠制覇。日本の総人口統計史上初の自然減。『頭がいい人、悪い人の話し方』『さおだけ屋はなぜ潰れないのか?』『電車男』『NANA』『ALWAYS 三丁目の夕日』、「青春アミ

＊テレビ朝日『Qさま!!』、「J」で収録。幸田が濱口優（よゐこ）とサックス競演！ ＊テレビ東京『音遊人』、「J」で収録。出演：山下洋輔（8月3日）

ーゴ」「さくら」「＊～アスタリスク～」

2006

長者番付廃止。WBCで王ジャパン世界一。太陽系惑星から冥王星除外。ライブドア事件。日本郵政株式会社発足。改正教育基本法が成立。『国家の品格』『東京タワー』『人は見た目が9割』『ダ・ヴィンチ・コード』、「粉雪」「千の風になって」

＊「府中心身障害者福祉センター」のみなさんが「J」でJAZZ鑑賞会（計6回）。「今までまったく笑わなかった子が笑顔を見せた」と先生大喜び！

2007

iPhone発売。防衛「省」に昇格。NOVAに会社更生法適用。国立新美術館開館。東京ミッドタウン開業。『女性の品格』『ホームレス中学生』、「蕾（つぼみ）」。

2008

北京五輪。チベット騒乱。メタボ健診、保健指導の義務化。中国四川大地震。リーマンブラザーズ破綻。観光庁発足。新宿コマ劇場、52年の歴史に幕。『夢をかなえるゾウ』『崖の上のポニョ』『容疑者Xの献身』『20世紀少年』、「そばにいるね」「キセキ」

＊幸田稔、帯状疱疹にかかる。＊赤塚不二夫死去（8月2日）＊「J」30周年

2009

オバマ米大統領就任。裁判員制度スタート。高速道路土日祝日千円。米GM経営破綻。民主・社民・国新連立政権樹立。ヤンキース・松井、ワールドシリーズMVP。『1Q84』『読めそうで読めない間違いやすい漢字』『日本人の

＊「〝J〟30周年記念〝タモリ〟プロデュース7days」開催。出演：神田香織、鈴木勲〝OMA SOUNDS〟、守屋純子、今村真一朗他

知らない日本語』『告白』

2010

バンクーバー冬季五輪。チリ大地震。iPad発売。子ども手当支給始まる。大相撲、野球賭博問題。たばこ大幅値上げ。西武百貨店有楽町店閉店。AKB48。『もしドラ』『タニタの社員食堂』『くじけないで』『アバター』、「ありがとう」「トイレの神様」

＊インターネットテレビ『You Play Jazz?』、「J」で収録。幸田がナビゲーターを務め、二十回にわたり歌手、ミュージシャンを紹介（1月）＊フジテレビ『ボクらの時代』、「J」で収録。出演の大橋巨泉、小沢昭一、前田武彦のトークに火花が飛ぶ（5月）＊鈴木良雄、第35回「南里文雄賞」を受賞

2011

新燃岳噴火。大相撲、八百長問題で春場所中止。東日本大震災。人類史上最悪レベルの福島第一原発事故発生。九州新幹線全線開通。女子W杯なでしこジャパン世界一。『謎解きはディナーのあとで』『心を整える。』『人生がときめく片づけの魔法』『モテキ』『八日目の蝉』『探偵はBARにいる』『ブラック・スワン』、「マル・マル・モリ・モリ！」

＊幸田稔、岩手放送『ジャズのソムリエ』に5回にわたりゲスト出演（5月〜）＊レイ・ブライアント死去（6月2日享年93歳）。＊幸田稔の母・チヨ亡くなる（7月12日、享年93歳）。＊「早稲田モダンジャズ研究会創立50周年記念コンサート」（恵比寿ガーデンホール）開催。鈴木良雄、増尾好秋、森田一義（タモリ）、丸山繁雄、清水くるみ他OB多数出演。ゲスト：日野皓正。総合司会：バードマン幸田。

2012

42年ぶり、「原子の火」が消える。東京スカイツリー開業。ロンドン五輪。山中伸弥ノーベル医学生理学賞。中国、習近平独裁体制が発足。第二次安倍内閣。『聞く力』『置かれた場所で咲きなさい』『舟を編む』『テルマエ・ロマエ』『おおかみこどもの雨と雪』、「花は咲く」。

＊「J」で「東日本大震災復興支援ライヴ」。前年の震災で津波の被害にあった三陸のジャズ喫茶を支援。早稲田大学のニューオルリンズジャズクラブ、モダンジャズ研究会、ハイソサエティ・オーケストラの各OBバンドが参加（10月、2018年まで年2回の開催を継続中）＊衛星ラジオ「ミュージックバード」、「J」でライヴ収録。出演：福代亮樹（ts）カルテット

2013

東証と大証が統合。ICカード乗車券相互利用開始。ヤクルトのバレンティン、プロ野球新記録60号本塁打。特定秘密保護法 成立。お・も・て・な・し。倍返し。『医者に殺されない47の心得』『海賊とよばれた男』『そして父になる』『レ・ミゼラブル』『あまちゃん』〝じぇじぇ〟、「潮騒のメモリー」。

＊「J」で「丸山繁雄 with ジョン・ヘンドリックス」ライヴ（3月16日、ライヴ録音。前日に二人は『笑っていいとも』に出演 ＊「J35周年スタッフ・ミュージシャン同窓会」開催。元スタッフ、ゆかりのミュージシャンなど総勢100名余が集合（11月10日）

2014

関東甲信記録的大雪。『笑っていいとも！』放送終了。消費税5％→8％。集団的自衛権行使容認、閣議決定。御嶽

＊幸田稔がかつて勤めていた片倉工業の事務所だった「富岡製糸場」が世界遺産、

山噴火。理研データねつ造問題〝STAP細胞はあります〟。佐村河内守、ゴーストライター騒動。『長生きしたけりゃふくらはぎをもみなさい』『人生はニャンとかなる！』『村上海賊の娘』『ビリギャル』『永遠の０』『STAND BY ME ドラえもん』『アナと雪の女王』、「ようかい体操第一」

国宝に指定される　＊幸田稔、「青梅赤塚不二夫会館」でトークショー。テーマは「赤塚不二夫が愛したジャズ」　＊幸田稔、喉の激痛、高熱で意識不明になり救急搬送（11月23日）

2015

イスラム過激派ＩＳ日本人拘束事件。北陸新幹線開業。マイナンバー制度。安全保障関連法成立。日本郵政、ゆうちょ、かんぽが東証一部上場。大阪都構想挫折。爆買い。『火花』『フランス人は10着しか服を持たない』『家族という病』『映画 妖怪ウォッチ 誕生の秘密だニャン！』、「私以外私じゃないの」「３６５日の紙飛行機」

＊幸田稔、ＴＢＳラジオ『たまむすび』（生放送）に出演。学生時代のタモリやダンモ研の活動について語り、大学対抗バンド合戦の音源も流す（11月２日）

2016

電力自由化。熊本地震。選挙権18歳以上に。築地市場移転問題。ポケモンＧＯ。ＳＭＡＰ解散騒動。ボブ・ディラン、ノーベル文学賞。ペンパイナッポーアッポーペン（ＰＰＡＰ）。神ってる。『逃げ恥』ブーム。『天才』『君の膵臓をたべたい』『コンビニ人間』『君の名は』『シン・ゴジラ』、「前前前世」「恋」

＊新宿区食品衛生協会と新宿区保健所より「食品衛生優良店舗」の表彰を受ける（1月）　＊「早稲田大学ハイソサエティ・オーケストラ60周年記念コンサート」で幸田稔司会担当（5月5日、渋谷、大和田さくらホール）

2017

アメリカ、トランプ大統領就任。森友、加計問題。大企業による不正多発。藤井聡太29連勝、最年少七段。羽生善治、

＊「早稲田ハイソサエティ・オーケストラ＋スペシャルゲストシリーズ」が「Ｊ」

史上初永世七冠獲得。北朝鮮、大陸間弾道ミサイル発射・核実験。インスタ映え。『九十歳。何がめでたい』『うんこ漢字ドリル』『ラ・ラ・ランド』

でスタート。＊幸田稔、「稲門音楽祭」（大隈講堂他）で露木茂、見城美枝子らとともに司会を担当（10月）＊幸田稔、早稲田大学「稲門祭」（大隈講堂）で行われたトーク&ライヴ「早稲田式ジャズの楽しみ方」の総合司会を担当。出演：タモリ、菅原昭二、岡崎正通、丸山繁雄（10月）

2018

コインチェック仮想通貨流出問題。大谷翔平ＭＬＢで二刀流デビュー。テニスの大坂なおみ、日本人初の全米オープン優勝。日本スポーツ界パワハラ問題。日大危険タックル騒動。東京医科大不正入試騒動。米朝首脳会談。西日本豪雨。北海道胆振東部地震。オウム事件被告13人に死刑執行。記録的猛暑。安室奈美恵引退。『漫画 君たちはどう生きるか』

＊幸田稔、「東京都立第一商業高校創立１００周年祝賀会」（セルリアン東急ホテル）で総合司会を担当（６月２日）＊幸田稔、初の著作（本書）を上梓（10月）＊「Ｊ」40周年記念パーティ。早稲田「リーガロイヤルホテル東京」にて

2020

東京オリンピック開催。

＊幸田稔、長年の功績が認められて早稲田大学総長に就任。音楽系サークル出身者を重用して独裁体制を敷き、第二文学部を復活させるとともに、大学名を「バカ田大学」に変更。　**※冗談です**

幸田稔の司会・プロデュース歴

コンサート名	担当	年月日	出演者
「ASPECTA JAZZ IN 阿蘇」（ステージ幅130m、世界一の野外ステージ完成記念ジャズフェス、観客2万人）	企画・総合司会	1987年7月18、19日	出演：ロン・カーター、ジム・ホール、ハンク・ジョーンズ・トリオ＋3トランペット、伊藤君子、小野リサ　他（2日目に日野皓正、マリーン、ネイティブ・サン等予定されるも大雨で中止に）
「JAZZ SUMMIT '87」（よみうりランドイースト）	総合司会	1987年7月	出演：上海オールドジャズバンド、マリーン、中村誠一カルテット、早稲田大学ハイソサエティ・オーケストラ、慶應義塾大学ライトミュージックソサエティ
「反核ジャズコンサート」（都市センターホール）	司会	1987年11月7日、1998年12月16日	出演：寺下誠、小林敏、本多俊之、渡辺香津美、板橋文夫、向井滋春、井野信義　他
昭島市公民館「JAZZ LIVE シリーズ」	構成・司会	1989年～※2018年11月で54回	出演：山下洋輔、日野元彦、鈴木良雄、向井滋春、寺井尚子、椎名豊、原朋直、岸ミツアキ、大野雄二、増尾好秋、中村誠一、国府弘子、鈴木重子、川嶋哲郎、菊丘ひろみ、ヨーコ・サイクス、太田剣、大井貴司、三木俊雄、上野尊子、納谷嘉彦、大橋美加、飯田さつき、宅間善之、山本剛、佐藤洋祐　他
大阪・池田市政50周年「ジャズフェスティバル」	プロデュース・総合司会	1989年8月	出演：ジョージ・ベンソン、日野皓正、中本マリ、鈴木良雄、益田幹夫　他
「六大学ビッグバンドコンサート」（日本教育会館）	司会	1990年	
大阪・花の博覧会「コンサート」（花博会場・中央特設ステージ）	コーディネート	1990年5月	出演：小野リサ、エリオ・セルソ 、増尾好秋、鈴木良雄、益田幹夫、他
愛媛「南レクジャズフェスティバル」	司会	1990年8月11日	出演：渡辺文男、鈴木良雄、吉岡秀晃、今津雅仁　他
徳島・小松島市「小松島湾水上コンサート」	コーディネート	1990年8月12日	出演：日野皓正、鈴木良雄、福田重男、セシルモンロー　他
青森・八戸市「南郷サマージャズフェス」	司会	1991～94、1997～2007、2017年	出演者：渡辺貞夫、日野皓正、松本英彦、大西順子、日野元彦、本田竹広、鈴木良雄、ジャッキー・マクリーン、ロン・カーター、ケニー・バレル、レイ・ブライアント、ジミー・スコット、熱帯ジャズ楽団、TOKU、マル・ウォルドロン、モンティー・アレキサンダー、寺井尚子、矢野沙織、宇崎竜童、大倉正之助　他
調布市グリーンホール「JAZZ FROM THE CITY」	構成・司会	1992年～※2018年7月で48回	出演：渡辺貞夫、北村英治、伊藤君子、水森亜土、斎藤ノブ、鈴木重子、寺井尚子、国府弘子、木住野佳子、ケイコ・リー、向井滋春、ＴＯＫＵ、菊丘ひろみ、大野雄二、小沼ようすけ、谷口英治、上野尊子、熱帯ジャズ楽団、

			守屋純子、レッド・ハロウェイ、市原ひかり、平賀マリカ、寺久保エレナ、纐纈歩美、立石一海、井上銘、大坂昌彦、井上陽介、片倉真由子、福井ともみ、赤松敏弘 他
青森県・岩木町主催「Mt.岩木ジャズフェスティバル」	構成・司会	1993、94年	出演：小野リサ、ナット・アダレイ、ジミー・コブ、タイムファイブ　他
江東区主催「夢の島マリンフェスティバル」	構成・司会・SAX	1993、94年	出演：水森亜土、平賀マリカ、野間瞳、バードマン幸田・オールスターズ　他
町田市民ホール「町田JAZZ CLUB」	企画・構成・司会	1993〜97年※計3回	出演：ジョージ川口ニュービッグ4、日野皓正、日野元彦、川嶋哲郎、シャイニーストッキングス　他
鎌倉芸術館大ホール「鎌倉中央ロータリークラブ10周年チャリティーコンサート」（トーク&ライブ）	プロデュース・司会	1996年	出演：マーサ三宅、水森亜土、CHIKA、増尾好秋、鈴木良雄、外山喜雄、早稲田大学ハイソサエティ・オーケストラ、赤塚不二夫（ゲスト）、タモリ（ゲスト）他多数
武蔵野スイングホール（武蔵野市）「こけら落としジャズシリーズ」	構成・司会	1996〜98年2月まで9回	出演：前田憲男、北村英治、山下洋輔、坂田明、国府弘子、渡辺香津美　他
「徳島ジャズコンサート」（マリンターミナル野外ステージ　他）	構成・司会・SAX	1997年 2002年	出演：鈴木良雄、大崎龍治、片山冨久美　他（1997年）、パメラ・マッカーシー&高橋佳作トリオ（2002年）
大型フェリー「サンフラワー」洋上コンサート	構成・司会・出演	1998年3月14日〜15日	出演：平賀マリカ、川上さとみトリオ　他
山形県主催文翔館議場ホール（重要文化財）「トーク&ライブ」	プロデュース・司会	1998〜99年※計8回	出演：阿川泰子、木住野佳子、大坂昌彦、原朋直、高橋達也、佐藤達哉、早稲田大学モダンジャズ研究会　他
「神戸ポートピアホテル・ジャズ・ショー」	構成・司会	1998年9月2日	出演：ジョージ川口バンド、鈴木良雄クインテット、ジャズ・ファクトリー
「ミッキー・カーチス・ディナーショウ」（丸の内ホテル）	構成	1998年12月	出演：ミッキー・カーチス
福島県泉崎村主催コンサート	司会	1999年10月	出演：中本マリ、今津雅仁カルテット他
調布市文化会館くすのきホール「大坂昌彦&原朋直クインテット」	企画・司会	1999年7月	出演：大坂昌彦、原朋直、川嶋哲郎、井上祐一、上村信
小平市 ルネこだいら「ルネ・ジャズ・ピット」	構成・司会	2001〜2006年	出演：大野雄二、BREEZE&野口久和、鈴木良雄、吉岡秀晃　他
名古屋「名東ジャズ倶楽部発足記念コンサート」	コーディネート	2001年11月	出演：向井滋春、川嶋哲郎、江藤良人他
名古屋マルベリーホテル「ジャズ早慶戦」	構成・司会	2001年2月、2003年8月、2005年8月	出演：大野雄二、鈴木良雄、増尾好秋、太田剣、佐藤達哉、岡部洋一　他

香川県宇多津町 ユープラザうたづハーモニーホール「JAZZ EXPLOSION CONCERT」	司会	2002年2月2日	出演：大野雄二、鈴木良雄、村田憲一郎、仙道さおり＋AKIKO
「大野雄二トリオ・ツアー」（大阪「ロイヤルホース」、名古屋「スターアイズ」、「銀座ライオン」浜松店他）	コーディネート・司会	2002年8月、2003年8月	出演：大野雄二、俵山昌之、村田憲一郎
玉川高島屋S・C「アレーナホール」ジャズシリーズ	プロデュース	2003〜2004年 ※計11回	出演：中本マリ、伊藤君子、上野尊子、チカ・シンガー、越智順子、菊丘ひろみ、大野雄二、川嶋哲郎、木住野佳子、岡崎好朗・正典ブラザーズ　他
セシオン杉並「ビッグバンドコンサート」（東京都社会人ビッグバンド連盟主催）	総合司会	2006年〜 ※2018年6月で13回	出演：連盟加盟の6ビッグバンド＋ゲスト、瀬川昌久氏（解説）
長野「斑尾JAZZ」（斑尾高原野外特設ステージ）	総合司会（顧問）	2007〜16年 ※計10回。毎年8月2日間にわたり開催	出演者：本多俊之“Smile!”、福井ともみクインテット＋1、伊佐津和朗クインテット、都庁スイングビーツオーケストラ、Project D.D.T.ビッグバンド、蓼科高校ジャズクラブ（映画『スイングガールズ』のモデル校）他（毎年計20バンド以上が出演）
調布市グリーンホール・大ホール「七夕コンサート」	構成・司会	2007年7月7日	出演：熱帯ジャズ楽団、大橋美加、大橋瑠奈　他
川崎市民プラザ「ステューデント“BIG BAND” JAZZ FESTIVAL」	司会	2007年8月26日	小中高のビッグバンド20バンドが出演
メルパルクホール「AKEMI(vo)コンサート」	司会	2007年	出演：Brainstorming Big Band　他
恵比寿 ザ・ガーデンホール「早稲田大学モダンジャズ研究会創立50周年コンサート」	総合司会	2011年10月	出演：鈴木良雄、増尾良秋、タモリ、日野皓正（ゲスト）、他OBプロアマミュージシャン多数
昭島市民会館大ホール「JAZZ LIVE50回記念コンサート」	構成・司会	2015年1月31日	出演：水森亜土＆外山喜雄とデキシー・セインツ、寺井尚子＆早稲田大学ハイソサエティ・オーケストラ、輝＆輝（女性津軽三味線デュオ）、タモリ（ゲスト）
名古屋中電ホール「Pre-Summer Jazz Concert」（名古屋稲門ジャズ倶楽部主催）	構成・司会	2015年5月25日	出演：鈴木良雄、増尾好秋、小山彰太、清水くるみ、佐藤達哉、タモリ（友情出演）
「太田区民センターありがとう（さようなら）コンサート」	総合司会	2018年3月17日	出演：大学ビッグバンド×5バンド、早稲田モダンジャズ研究会、増尾好秋“MAGATAMA”（ゲスト）

あとがき〜謝辞にかえて

二〇一八年は「J」の命の恩人、赤塚不二夫さんの没後十年となりますが、お嬢さんの赤塚りえ子さん（現フジオ・プロダクション社長）には、今でもさまざまなかたちでご支援頂いています。赤塚さんの元秘書、藤井郁子さんにも大変お世話になっています。お二人には感謝!!　感謝!!です。

赤塚不二夫さんとよく一緒に来店されたイラストレーターの田村セツコさんには、父・政男とともどもお世話になりました。作家の豊田有恒、久子さんご夫妻には、「J」草創期から家族ぐるみでお世話になっています。

「J」新聞の編集・印刷をしてくださった西勇さん、そのアシスタントを務めた和田真由美さん、出版の下地を作ってくださった山口ミルコさんと木田祐司さんに、心より感謝申し上げます。

また、この本を出すにあたっては、ダンモ研OB会長の渡辺康蔵さんに大変お世話になりました。ありがとうございました。編集者である駒草出版・浅香宏二さんの粘り強さには脱帽です。本を作るのがこんなに大変だとは思いませんでした（笑）。

「〝J〟上海ジャズツアー」はじめ、さまざまな企画を提案してくださった杉本礼文さん、テレビのジャズ・ライヴ番組（テレビ東京「ミッドナイト・ジャム」、NTV「ウイークエンドジャズ」）で仕事をご一緒させていただいたプロデューサーの坂巻正さん（故人）、山形では松井裕典さん、青森では鳴海廣さん、徳島では先輩の瀬川洸城ご夫妻にも大変お世話になりました。「J」のピアノをいつも最高のコンディションに保ってくださったカリスマ調律師の辻秀夫さん、「J」がライヴハウスとしてこれまでやってこられたのは、ピアニストから絶大なる信頼がある、あなたのおかげです。

そして、四十年間でたった三度しか配当を出せなかった、㈱ノースウエスト・エンタープライズのタモリさんや佐々木良廣さんをはじめ株主のみなさん。貴兄たちの支えなくして、「J」を四十年も続けることはできませんでした。ありがとうございます。

最後に……家族に感謝です。妻の瑠美子は「実家が自営業で家族揃って食卓を囲めなかったので、サラリーマンだったあなたと結婚した」というのですが、結局私は「脱サラ」をしてしまい、夜、家族で食卓を囲むことはほとんどできなくなってしまいました。そんな自分勝手な私を、文句一つ言わず支えてくれました。薬害に遭い十年以上自宅療養を続けている息子には、エールを！一日も早い社会復帰を願ってやみません。

こうしてこの文章を書いている八月十八日（土）の早朝、隣家から火の手が上がりました。四棟に延焼。炎が眼前にまで迫りましたが、わが家はなんとか類焼を免れました。またまた〝ジャズの神様〟が救ってくれたようです。もう火事は結構です。

「J」がニューヨークの名門ジャズクラブ「Village Vangard」のように、今後七十年、八十年と続いて、ジャズの歴史に残る存在になることを願っています。今後とも、変わらぬご支援をお願いいたします。

本書での共演者　略歴

対談

岡崎正通（本名 **近衛正通**）　一九四六年東京生まれ。一九六一年のジャズ・メッセンジャーズの初来日ステージを見てジャズに興味をもち、早稲田大学モダンジャズ研究会に所属。六八年にニッポン放送入社。「ナベサダとジャズ」「オールナイトニッポン」などの番組制作に携わる。学生時代から音楽誌に寄稿し、七二年より「スイング・ジャーナル」誌に執筆。多くのCD、LPのライナー解説をはじめ、現在は「JAZZ JAPAN」「STEREO」誌等にレギュラー執筆。山野ビッグ・バンド・ジャズ・コンテストの審査員もつとめる。トラッドからモダン、コンテンポラリーにいたるジャズだけでなく、ポップスからクラシックまで守備範囲は幅広い。いっぽうで山中良之氏に師事し、ビッグバンド〝Shiny Stockings〟等にサックス奏者として参加。現在ニッポン放送監査役。ミュージックペンクラブ・オブ・ジャパン理事。

座談会

鈴木良雄　一九四六年長野県生まれ。父はヴァイオリン演奏者・製作者、母はピアノ教師、伯父・鈴木鎮一は「スズキ・メソッド」の創始者という音楽一家に育つ。早稲田大学モダンジャズ研究会時代はピアニストとして活躍。その後、渡辺貞夫カルテットにベーシストとして参加。七三年にファーストアルバム『FRIENDS』リリースし、十月よりニューヨークにて活動開始。スタン・ゲッツ・グループ、アート・ブレイキー・グループでレギュラー・ベーシストとなる。八五年帰国。九三年にEAST BOUNCEを結成、『Kisses on the Wind』をリリース。二〇〇二年には新グループBASS TALKを結成するなど新たな音世界に挑戦し続ける、まさに日本を代表するジャズ・ベーシスト。二〇一〇年に「第三十五回　南里文雄賞」を受賞。愛称は「チンさん」。

増尾好秋　一九四六年東京都生まれ。父はジャズ・ピアニストの増尾博。早稲田大学モダンジャズ研究会時代から天才ギタリストとして注目され、在学中に渡辺貞夫に認められて、グループに参加。六九年にファーストアルバム『バルセロナの風』を発表、一躍人気者となる。七一年渡米、エルビン・ジョーンズ、ロイ・ヘインズ、リー・コニッツ、ラリー・ヤングとの共演のほか、ソニー・ロリンズのバンドに在籍した。七〇年代後半、初めて自己のバンドをニューヨークで結成、一連のヒットアルバムを制作しその人気を不動のものとする。八〇年半ばからマンハッタンのソーホーにレコーディングスタジオを構え、ジャズレーベルを立ち上げるとともにプロデューサーとして数多くのアルバム制作に携わる。二〇一一年の東日本大震災を機に演奏活動を本格的に再開。自主レーベルSunshine Ave. Labelを設立し『Life Is Good』『I'm Glad There Is You』を発表。日本では若い新人ミュージシャンを中心に自分のバンドMAGATAMAを組み積極的に活動している。まちがいなく、日本が生んだ史上最高のモダン・ジャズ・ギタリスト。ニューヨーク在住。

菅原正二　一九四二年岩手県生まれ。早稲田大学ハイソサエティ・オーケストラで、バンドマスター／ドラマーとして活躍。「チャーリー石黒と東京パンチョス」のドラマーを務めたのち、七〇年、郷里の一関に戻り、ジャズ喫茶「ベイシー」を開店。同店は数多くのミュージシャン、著名人、オーディオ関係者が通いつめる〝世界一のジャズ喫茶〟である。愛称「Swifty」は、親交の深かった故カウント・ベイシーに命名されたもの。文才にも優れ、現在「ステレオサウンド」「朝日新聞岩手版」に連載中。著者に『ぼくとジムランの酒とバラの日々』（駒草出版）、『聴く鏡Ⅰ』『聴く鏡Ⅱ』（ステレオサウンド社）がある。

［協力］
早稲田大学モダンジャズ研究会ＯＢ会
佐々木良廣
森田一義（タモリ）
渡辺康蔵（早稲田大学モダンジャズ研究会ＯＢ会会長）
赤塚りえ子（株式会社フジオ・プロダクション）、エムアンドエムスタジオ、
河口仁、石塚康之、山下洋輔
装丁＝川名潤
編集協力・組版＝(株)ひとま舎

バードマン幸田（幸田稔）

一九四六年東京生まれ。早稲田大学モダンジャズ研究会時代はアルトサックスを担当。渡辺貞夫とダンモ研をつなぎ、鈴木良雄（同期）、増尾好秋（一期下）らの人生を狂わせた（?）張本人。そのふたりと共に、六七年「ＴＢＳ大学対抗バンド合戦」のコンボ部門で優勝。その後、十年間のサラリーマン生活を経て、七八年「Ｊ」のオーナーとなり、現在に至る。ジャズ・フェスティヴァルやコンサートの企画・司会も数多く行い、「ジャズ批評」「しんぶん赤旗」（日曜版）に連載を持つなど、多方面で活躍中。また、赤塚不二夫やタモリ（一期下）をはじめとする芸能人とも親交が深く、七〇年代～八〇年代の新宿サブカルチャーを陰でささえた。愛称「バードマン」はチャーリー・パーカーからきたものではない。詳しくは本書を読まれよ。

Ｊａｚｚ Ｓｐｏｔ Ｊの物語
バードマン幸田風雲録

２０１８年10月20日　初版発行

著者　幸田稔
発行者　井上弘治
発行所　駒草出版　株式会社ダンク出版事業部
〒１１０－００１６　東京都台東区台東１－７－１
邦洋秋葉原ビル２階
ＴＥＬ　０３－３８３４－９０８７
ＦＡＸ　０３－３８３４－４５０８
http://www.komakusa-pub.jp

印刷・製本　シナノ印刷株式会社

落丁・乱丁本はお取り替えいたします。
定価はカバーに表記してあります。

 ISBN978-4-909646-08-8 C0073